시각중복장애아동을 위한
촉각 교수 전략

중도중복장애아동의 의사소통 및 학습 기술 촉진 방법

Deborah Chen · June E. Downing 공저
한경근 · 황정현 · 홍재영 공역

학지사

　의사소통은 사람들 간의 모든 상호작용의 토대가 되며, 크고 작은 사회 집단에의 소속은 물론 매일의 삶을 살아가는 데 있어서 가장 필수적인 요소 중 하나다. 다른 사람과 의사소통을 할 때 여러 감각 기관과 함께 운동, 인지, 정서 등 여러 가지 능력이 통합적으로 작용하게 된다. 특히 감각 기관의 차원에서 보면 사람들은 상호작용을 할 때 시각, 청각, 후각, 미각 그리고 촉각 등과 같은 여러 가지 감각을 이용한다. 사람들은 저마다 특정 감각에 더 반응적인 특징을 보이기는 하지만 대체로 시각과 청각을 주요한 의사소통의 감각수단으로 사용한다. 때문에 시각장애를 주장애로 하고 청각 손상이나 지적장애, 지체장애, 자폐성 장애 등과 같은 부가적인 장애를 가진 시각중복장애학생이나 농−맹 장애학생에게 의사소통의 기술을 지도하는 것은 결코 쉬운 일이 아니다.

　출생 후 어머니와의 신체 접촉이 의사소통 기술 발달의 핵심 요소가 되고 이러한 접촉에 의한 촉각적 의사소통은 성장과 함께 악수나 껴안기(hug)와 같이 사회적인 양식으로 발달하게 된다. 시각중복장애아동에게 촉각은 비단 사회적 양식을 넘어

'보고, 읽으며, 말하는' 의사소통의 대안적 수단이 되며 자신을 둘러싼 세계를 탐구하는 중요한 수단이 된다. 이 책은 시각중복장애아동을 위한 의사소통 및 학습 기술을 촉진할 수 있는 방법으로서 촉각을 사용하는 의사소통 기술에 대해 중점적으로 소개한다. 또한 매뉴얼 형태로 만들어져 있어서 특수교육을 전공하는 학생 및 현장의 교사와 관련 연구자들은 물론, 가장 전문가라고 할 수 있는 시각중복장애학생의 학부모에게도 실제적인 도움이 될 것이다. 비록 이 책이 시각중복장애를 중심으로 하고는 있지만 실은 어느 정도 시각 및 청각의 손실도 함께 가지고 있는 경우가 많은 중도중복장애학생을 위한 의사소통 전략으로서도 충분히 효과적인 것임을 알아 둘 필요가 있다.

현실적으로 시각중복장애 영역은 다른 장애 영역에 비해 저출현 장애 영역이기 때문에 관련 이론이나 실제적 교육 방법을 소개하는 서적이나 연구물이 다른 장애 영역에 비해 상대적으로 많지 않다. 따라서 역자들은 시각중복장애학생 교육을 위한 실제적인 방법을 소개해야 한다는 학문적 책무성과 함께 이 책의 정보를 많은 사람과 공유하고자 부족하지만 역서를 준비하게 되었다.

이 책의 번역을 함께 해 주신 홍재영 교수님과 황정현 박사님은 오랫동안 시각장애교육 분야에 헌신하신 경험으로 이 책의 완성도를 높여 주셨다. 이 책이 나오기까지 노고를 아끼지 않은 학지사 관계자 여러분께도 감사드린다. 번역 과정 동안 응원과 배려(?)를 아끼지 않은 사랑하는 두 딸에게도 고마움을 전한다. 우리말로 옮기는 과정에서 최대한 우리의 문화와 상황에 맞추려고 노력하였으나, 부족한 부분이 있다면 이 책을 읽는 독자들께서 혜량(惠諒)하여 주시기 바란다.

2015년 1월
Lawrence에서
대표역자 한경근

프로젝트 SALUTE에서 얻은 교훈

의사소통은 집단에 소속되고 일상적 삶에 참여하는 데 필수적인 요소다. 의사소통은 모든 아동에게 중요하지만 특히 이해할 수 있는 방식으로 의사소통하는 것을 배우는 데 도움이 필요한 아동들에게는 더욱 중요하게 된다. 이 책은 구체적인 정보, 적절한 연구 그리고 실제적인 예를 다양하게 제공하여 가족 구성원과 서비스 제공자들이 농-맹 아동을 포함하여 중도의 시각 손상과 부가적인 장애를 가진 아동들과 상호작용하는 노력을 촉진시켜 줄 것이다.

특히 이 책은 상징 의사소통 체계를 완전히 이해하지 못하거나 사용하지 않는 아동 그리고 학습 지원을 위해 촉각 정보를 자주 이용해야 하는 아동을 참여시키는 방법에 대해 서술하고 있다. 아동의 상호작용은 정보접근을 촉진하기 위한 촉각 전략의 사용뿐만 아니라, 필요한 경우 자연스러운 구어 의사소통을 포함해야 한다. 이 책의 내용이 주로 촉감각과 촉각 전략 사용에 초점을 맞추고 있지만 아동이 기타 감각 경로를 사용하도록 하는 것도 촉진되어야 한다.

많은 연구자가 적절한 시각 및 청각 투입 자극의 사용을 강조하고 시각이나 청각의 거리 감각이 제한적인 경우에 이를 향상시킬 수 있는 제안들을 내놓았다(Downing, 2003; Levack, 1994; Prickett & Welch, 1995). 아동이 시각장애 및 청력손실이 있다고 진단되었을 때, 필요하다면 전문적인 서비스 제공자와 보조공학 기기(예: 보청기나 청력 보조장치, 교정 렌즈나 기타 확대 기기)로부터 적절한 서비스를 받을 필요가 있다. 가능하다면 언제나 정보는 이러한 거리 감각들을 통해서 제공될 필요가 있고, 촉각 투입 자극도 아동이 시각과 청각을 통해 배우는 것을 지원하기 위해 사용되어야 한다.

서비스 제공자나 가족 구성원들이 촉각 정보가 필요한 아동과 촉각 접촉을 통해 상호작용하는 것을 배울 수 있도록 도와주는 자료가 많지 않다. 이 책은 이러한 필요성에 부응하기 위해서 만들어졌다고 할 수 있다. 그렇지만 이 책에 서술된 모든 지침과 제안은 개별 아동, 가족, 그리고 상황에 맞게 반드시 조정되어야 한다.

프로젝트 SALUTE

이 책의 내용은 미국 교육부의 연구 지원을 받아 California State University—Northridge에서 수행한 연구인 프로젝트 「SALUTE(Successful Adaptation for Learning to Use Touch

Effectively, 이하 프로젝트 SALUTE)」의 활동을 반영한 것이다. 이 프로젝트는 매우 제한적이거나 기능적 시력이 없으며, 청각 손실이나 인지 또는 지체장애를 함께 가진 아동을 위한 촉각 교수 전략을 확인하고 개발하여 타당화한 것이다. 연구자들은 다음과 같은 몇 가지 방법을 동원하여 촉각 전략에 대한 현재까지의 지식을 확인하였다.

- 광범위한 문헌 연구
- 정안인 및 시각장애인을 포함하여 영어 사용 가족들과 스페인어 사용 가족들로 구성된 포커스 그룹 인터뷰
- 가족 구성원, 서비스 제공자, 주 및 연방 기술 지원 프로젝트를 대표하는 시각장애, 중도장애, 농−맹 분야의 전국 자문 위원회 전문가들과의 연례 미팅과 온라인 토론
- 프로젝트를 수행하는 동안 주 및 전국 단위 워크숍에서의 논의들
- 프로젝트 수행 연구자들의 전문가적 경험과 실제에서 얻어진 반성적 사유
- 이 프로젝트에 참여했던 네 명의 아동을 위해 서비스 제공자와 가족 구성원으로 구성된 팀과의 인터뷰
- 프로젝트 수행기간 동안 프로젝트 웹사이트(www. projectsalute. net) 토론 포럼에 실린 글

문헌 연구와 포커스 그룹 및 프로젝트 참여자들로부터 얻은

정보분석 결과, 시각중복장애아동에게 사용되는 촉각 전략은 주로 일화기록, 의견, 또한 임상적 경험에 바탕을 둔 것이라는 사실을 알았다. 프로젝트 SALUTE의 목표는 개별 아동의 가족과 서비스 제공자들이 사용하는 촉각 전략을 확인, 개발, 실행, 그리고 그 사용을 분석하는 것이었다. 이런 방법으로 개별 아동의 학습 및 의사소통 요구에 부응하는 특정한 촉각 전략의 효과성에 대한 자료를 얻을 수 있었다.

포커스 그룹 결과: 실제와 이슈

프로젝트 SALUTE는 캘리포니아에서 서른세 명의 참여자(청각중복 또는 시각중복장애아동들의 영어 및 스페인어 사용 가족과 서비스 제공자들)들과 네 차례의 포커스 그룹 인터뷰를 수행했다. 참여자들 중에는 청각장애와 시각장애를 가진 세 명(가족 또는 서비스 제공자)도 포함되었다. 참여자들은 그들이 사용하는 촉각 전략을 확인하고 성공, 어려움, 그리고 요구에 대해서 토론하도록 했다. 이 토론을 통해 여섯 가지 주제(개별적 접근의 필요성, 의미 있는 교수, 지원적이고 긍정적인 교수, 체계적 교수, 시각 양식을 촉각 양식으로 수정하는 것의 어려움, 그리고 용어의 혼란)가 확인되었다(Chen, Downing, & Rodriguez-Gil, 2000).

(1) 개별적 접근의 필요성
각각의 시각중복장애아동은 독특한 요구와 선호를 가지고 있다. 연구 참여자들은 최선의 교육 실제와 구체적인 활동 및 자료를 결정할 때 개별화된 접근의 중요성을 강조하였다. 일부 참여자들은 촉각 투입 자극이 기능적 목적을 가지고 간단하게 설계되고, 뚜껑이 있는 나무상자나 요리하지 않은 콩과 같이 구체적인 형태를 지닐 때 아동들이 선호한다고 하였다. 많은 참여자는 일반적으로 촉각 투입 자극이 예측하기 어렵거나 분명하지 않고 복잡한 형태를 지니며 모래, 가죽 먼지털이, 수채물감과 같이 가볍거나 끈적거리며 질감이 극단적인 것들을 싫어하는 경향이 있다고 보고한 반면, 극히 일부는 그런 유형의 자료들을 다루기 좋다고 하였다. 전반적으로 참여자들은 특정 아동에게 가장 잘 맞는 것을 결정할 때 시행착오(trial-and-error) 접근을 사용했다고 하였다. 이들은 효과적인 촉각 전략을 결정하는 데 필요한 지침과 요구가 개발되어야 한다고 하였다.

(2) 의미 있는 교수

의미 있는 교수의 중요성도 부각되었다. 참여자들에 의하면 시각중복장애아동들은 친숙한 루틴(routine), 활동, 환경에서 교수가 이루어질 때 가장 효과적으로 배운다고 한다. 가공품이나 인공적인 사물(예: 플라스틱 오렌지)보다는 유용한 목적을 가진 실제 사물(예: 진짜 오렌지)을 사용하는 것이 개념과 언어 발달을 촉진시키는 데 필수적이라고 여러 차례 언급하였다.

(3) 지원적이고 긍정적인 교수

중복장애아동과 상호작용할 때 긍정적이고 존중하는 방법을 사용하는 것이 중요하다는 것도 강조되었다. 참여자들은 아동들에게 사물을 조작하거나 기타 촉각 학습 활동에 참여하도록 강요해서는 안 되고, 대신 촉각 정보를 수용할 수 있는 충분한 시간을 주어야 한다고 했다. 이러한 접근 방법을 강조하기 위해 참여자들은 '라포 형성'과 '위협적이지 않은'과 같은 표현들을 자주 사용했다.

아동에게 동기를 부여하는 것이 무엇이고, 그 동기를 처음엔 친숙한 촉각 사물과 결합시키고 이후 친숙하지 않은 촉각 사물과도 결합시키는 방법을 인식하는 것도 효과적인 전략의 하나로 확인되었다. 질감, 재료, 무게, 크기, 색에 대한 아동의 선호가 고려될 필요가 있다. 예를 들어, 어떤 아동들은 촉각적 탐색이 장려되는 음악이나 동작 활동에 대해 동기 부여가 될 수 있다. 청력이 일부 남아 있고 음악을 즐기는 유아들은 성인이 '이렇게 찰흙을 굴려요, 찰흙을 굴려요, 찰흙을 굴려요……'와 같은 노래를 부른다면 찰흙놀이에 참여할 수 있을 것이다. 참여자들은 접촉의 유형과 아동이 촉각 정보를 받아들이기 좋아하는 신체 부위에 대한 고려도 강조하였다. 아동에게 사물을 잡고 탐색해 보라고 요구하는 대신에 아동의 리드를 따르고(예: 아동이 사물을 다루거나 가지고 하는 행동), 사물과 접촉할 수 있는 기회를 만들어 주며, 함께하는 활동(예: 소꿉놀이)에 아동이 사물을 만질 수 있게 초대해야 한다고 하였다.

(4) 체계적 교수

참여자들은 학습지원을 위한 루틴의 형성과 반복의 중요성을 강조하였다. 여러 장소(예: 학교, 가정)에 걸쳐 꾸준히 정보를 제시하는 것은 아동들이 개념과 기술을 일반화할 수 있도록 도와준다. 아동들은 활동의 시작, 중간, 그리고 끝이 분명하게 표시되는 활동을 더 잘 이해한다. 참여자들은 또한 교수적 촉진(예: 사물로 아동의 손을 접촉하기)을 사용하면 아동이 촉각 전략을 사용할 수 있게 하는 데 도움이 된다고 하였다. 촉진은 아동이 자연스러운 단서에 반응하는 것을 배우게 되면서 점차 철회되어야 한다.

(5) 시각 양식을 촉각 양식으로 수정하는 어려움

참여자들이 분야의 전문가들임에도 시각 자료를 수정하는 것은 결코 쉽지 않은 일이라고 입을 모았다. 촉각적인 수정만으로 수많은 개념 또는 사물에 대해 정확한 정보를 담는다는 것은 어려운 일이다. 예를 들어, 아주 커다란 사물(예: 자동차)이나 아주 작은 것(예: 개미), 또는 빠르게 움직이는 것(예: 날아가는 새)에 대한 정보는 상당한 설명이 필요하다. 이러한 경우에서 참여자들은 아동에게 촉각 수정에 대해 구어 또는 수화로 설명해 주었다고 한다.

눈으로 보았을 때 쉽게 이해할 수 있는 개념이 접촉을 통해서는 훨씬 인식하기 어려워진다. 표정을 확인하거나 감정을 알아차리는 것이 가장 좋은 예다. 신체적 동작의 모방도 시각에 바탕을 둔 학습 전략이라서 촉각 양식으로 수정하기 어렵다. 이런 상황들에서 전형적인 촉각 수정은 구체적인 행동 또는 동작을 통해 아동을 안내('손 위 손 안내' 기법)하거나 아동이 타인의 움직임이나 행동을 느낄 수 있도록 하는 것('손 아래 손 안내' 기법)이다. 이런 전략들은 최대한으로 촉각 모델링 또는 촉각 시연을 해 주는 것이다. 아동은 경험한 것을 흉내 내기 위해 촉각 정보를 사용할 수 있어야 한다.

촉각 학습이 보통 손을 이용해 배우는 것을 지칭하지만 포커스 그룹 참여자들은 신체 부위를 사용해야 하는 아동을 지도하기 위해서는 발, 가슴, 배, 얼굴, 입, 그리고 몸 전체를 사용하는 것을 포함하는 보다 확장된 정의를 주장하였다. 예를 들어, 아동이 사물을 입에 가져가는 행동을 못하게 하는 대신 혹시 이 방법이 특정 중도장애아동에게는 가장 효율적인 정보획득 수단인지를 고려해 보는 것이다. 이런 대안적 방법들이 손을 사용하는 데 상당한 제약이 있는 아동에게 특히 중요하겠지만, 맨발로 사물을 탐색하는 것과 같이 다른 신체 부분을 이용한 학습은 촉각 정보에 손이 과민 반응하는 아동들에게 유용하다고 하였다.

(6) 용어의 혼란

포커스 그룹 인터뷰 동안, 참여자들은 촉각 전략을 설명하기 위해 아주 많은 용어를 사용했다. 촉각 신호, 접촉 단서, 모니터링, 신체적 촉진, 촉독 수화와 같은 용어들은 서로 다른 방식으로 정의되기도 했다. 다양한 용어의 사용과 혼란은 문헌 연구에서도 나타났다. 예를 들어, Rowland와 Schwigert(2000)에 의해 넓게 정의된 '촉지 상징(tangible symbols)'이라는 용어는 사진, 질감 물질 그리고 사물들과 같은 2차원 및 3차원 상징을 모두 아우르고 있다. 하지만 전통적인 보완 및 대체 의사소통 문헌들에서, '촉지 상징'은 모양, 질감, 또는 기타 촉지할 수 있는 특성에 의해 구별될 수 있는 상징으로만 제한되어 사진이나 기타 2차원적 상징은 제외된다(Beukelman & Mirenda, 1998; Downing, 2005a). 일부 유럽 쪽 연구자들은(Aitken, Buultjens, Clark, Eyre, & Pease, 2000) '사물 단서(object cues)'와 '참조 사물(object of reference)'을 구분하여 사용하지만 미국에서는 그러하지 않다(이 책의 〈용어 정리〉 참고). 현재 사전과 특수공학 문헌에서 '촉각적'이라는 뜻을 나타내는 'tactual'과 'tactile'을 같은 뜻으로 사용하지만, 정신분석학 분야에서 'tactile'은 수동적인 접촉(압력, 온도, 고통을 느끼는 접촉)을 통해 정보를 얻는 것을 의미하고 'tactual'은 능동적 접촉[촉감각(피부 감각)과 운동(공간적 위치와 동작) 감수성]을 통해 얻어진 정보를 지칭한다(Fleischer & Durlach, 1993). 여러 학문 분야에서 쓰이는 어휘는 다른 뜻을 가진 유사한 용어 그리고 유사한 뜻을 나타내는 다른 용어들을 만들어 냈다. 이 책에서는 단순성과 명료성을 위하여 'tactile'이란 단어를 접촉 감각 생성, 수동적 접촉 능력, 그리고 능동적 접촉을 통한 정보 획득 모두를 뜻하는 것으로 사용한다.

프로젝트 활동의 초점

　문헌연구와 포커스 그룹의 결과를 근거로, 이 프로젝트는 참여한 아동 네 명과의 사회적 상호작용 및 의사소통에 바탕을 두고 지지를 받은 촉각 전략들을 연구하였다. 이런 촉각적 상호작용 전략의 효율성은 다음과 같은 분석을 통해 측정되었다.

- 가정과 학교에서 아동들이 활동한 것을 비디오로 촬영하여 각각의 의사소통 관여자들이 사용한 촉각 전략의 유형, 아동의 반응, 그리고 상호작용의 질에 대한 변화를 분석하였다.
- 프로젝트 참여 전과 후에 가족 구성원과 서비스 제공자들을 인터뷰하고 아동에게 사용한 촉각 전략의 유형, 상호작용 맥락, 그리고 가장 빈번하게 의사소통한 상대자의 변화를 연구하였다. 프로젝트가 끝난 후의 인터뷰에서도 긍정적인 성과가 확인되었다.
- 아동의 상호작용 유형과 수준을 설명해 준 Communication Matrix(Rowland, 1996)와 아동의 사물 사용을 확인한 Home Inventory of Problem Solving Skills(Rowland & Schweigert, 1997)에서도 변화가 나타났다.*

----

* 원저에서는 "아동과 그들 교육팀의 관여(Participating children and their teams)"가 이어지는 데 프로젝트 진행 과정에 대한 설명이 나오는데 역자의 판단하에 번역을 생략하였다. 역자 주.

프로젝트의 연구 결과

이 프로젝트의 실행요소 결과는 적은 수의 참여 아동과 장애 및 요구의 이질성으로 제한적이다. 참여 아동 모두는 건강과 의료적 문제를 안고 있었고, 세 명의 아동은 이 프로젝트에 참여하는 2년 동안 최소한 한 번씩 입원해야 했다. 게다가 두 명의 아동은 학교 이동이 있었고 서비스 제공자들이 바뀌어 새로운 관계를 형성해야 했으며 촉각 전략에 다시 집중해야 했다.

2년의 연구 과정 동안 촬영된 관찰 비디오 분석 자료는 다음과 같은 경향을 보여 주었다.

- 가족과 서비스 제공자들의 적절한 촉진 전략의 사용('손 아래 손 안내', 사물 단서, 응용 수화)이 증가하였다.
- 가족과 서비스 제공자들의 '손 위 손 안내'는 감소하였다.
- 상호작용하는 동안 아동의 긍정적이고 보다 능동적인 반응이 증가하였는데, 상대방에 대한 주의, 사물 단서와 목표에 대한 반응 빈도, 표준 의사소통 빈도가 향상되었다. "뭐 먹고 싶니?"라는 질문에 "네."라고 수화하기, 게임 도중에 성인이 잠시 멈추고 아동의 반응을 기다릴 때 "더."라고 수화해서 계속하기를 요청하기, '밥 먹을 시간'을 나타내는 사물 단서로 스푼을 주었을 때 움켜쥐기, 장난감과 주스 병을 주고 선택하라고 했을 때 원하는 사물을 잡고 선택하기, 서로 다른 바지 두 벌 중에 입고 싶은 바지를 고르고 선호를

표현하기가 그 예들이다.

- 아동의 반응을 기다리는 시간이 늘고 반응을 촉진하기 위한 지원의 사용이 줄어드는 등 아동 반응에 대한 성인의 기대가 향상되었다.
- 아동과 성인의 상호작용에서 가독성(명료성)과 정교성(확장과 더 많은 차례 주고받기)이 증가하였다.

프로젝트 SALUTE는 또한 촉각 전략의 사용이 농−맹 장애아동과 중도장애아동에게도 타당한지를 검증하였다. 중재에 대한 사회적 타당도 검증은 중재절차의 사회적 수용성과 실현가능성, 바람직성, 효과성(Wolf, 1978) 또는 중재가 가족 및 서비스 제공자의 가치 및 관점에 비추어 적합한지(Snell, 2003)를 보는 것이다. 달리 말하자면, 가족과 서비스 제공자들은 촉각 전략을 사용할 수 있고 사용하고자 하는지 그리고 그러한 전략들은 농−맹 장애아동과 중복장애아동들에게 효과적인가에 관한 물음인 것이다. 제5장에서 논의되었듯이, 문헌 연구결과 두 개의 연구에서(Murray−Branch, Udvari−Solner, & Bailey, 1991; Rowland & Schweigert, 2000) 사물 단서와 질감 상징이 농−맹 장애와 다른 장애를 함께 가진 아동들에게 효과적인 의사소통 수단이라는 결과가 나왔다. 비록 프로젝트 SALUTE에 참여한 아동이 소수이긴 하지만 다양한 촉각 전략(공동촉각주의, 촉각 모델링, 접촉 및 사물 단서, 응용 수화)의 사용이 타인과의 사회적 상호작용과 의사소통을 향상시킨 것으로 나타났다.

참여아동의 가족과 서비스 제공자 그리고 포커스 그룹 참여자들은 촉각 전략이 농-맹 장애아동들과 상호작용은 물론 가르치는 데에도 유용하고 가치 있다고 하였다. 프로젝트 종료 시점에서의 사후 인터뷰에서 가족들은 프로젝트의 가치에 대해서 협력적 팀 교수, 여러 환경과 사람들에 걸쳐 일관성의 향상, 촉각 전략 사용을 위한 기술적 지원 제공에 대해 언급하였다. 서비스 제공자들도 촉각 전략에 초점을 둔 것과 농-맹 장애아동과 일할 수 있었던 전문성 개발 기회를 높이 평가하였다. 이들은 이 프로젝트를 통해서 알게 된 촉각 전략('손 아래 손 안내', 사물 단서, 촉각 단서, 응용 수화)을 다른 시각중복장애아동들에게도 일반화할 수 있었다고 하였다. 프로젝트 SALUTE가 수행되는 동안 개발된 중재 절차들이 가족과 서비스 제공자들에게 수용되었다는 것은 이들에게 사회적으로 타당한 절차였다는 것을 보여 주는 것이라 할 수 있다.

이 책의 구성

이 책에 담겨진 정보는 서비스 제공자 및 가족들과의 워크숍은 물론 개별 또는 팀 미팅 동안에 사용된 것이다. 이 책을 출간하면서, 저자들은 독자들이 중도중복장애아동의 의사소통 지원을 위한 기본적 지식을 가지고 있을 것이라 가정한다. 독자들마다 중복장애아동과의 접촉 및 촉각 상호작용 전략에 대한 배경 지식, 기술 수준 및 지식 수준이 다를 것이고 이 책을 읽는 목적 또한 다를 것이다. 저자들은 대부분의 독자가 나름 대로의 관심이나 질문에 따라 특정 부분이나 장을 선택하기를 기대한다.

'제1장 접촉 감각'은 여러 유형의 촉각 접촉, 다양한 문화적 관점의 고려, 그리고 촉각 접촉과 시각의 비교에 대해서 서술 하였다. 다양한 촉각 접촉 유형의 사용과 이에 대한 반응에 대한 인식을 높일 수 있는 질문은 물론 가상체험활동을 함께 제시하였다.

'제2장 촉각 접촉을 통한 상호작용 지원'에서는 사회적 상호 작용 형성의 중요성을 설명하고, 사회적 상호작용 내에서 아동의 의사소통 지원 방법을 위한 제언과 함께 촉각 전략 사용의 방법과 시기에 대한 고려 사항을 제시하였다.

'제3장 촉각 기술 사정과 중재 계획'에서는 아동의 촉각 접촉 사용과 경험에 관한 다양한 정보 수집 방법을 다루었는데, 가족 인터뷰 양식, 서비스 제공자를 위한 질문, 생태학적 목록의 예, 불일치 분석, 그리고 촉진의 위계가 포함되어 있다.

'제4장 촉각 전략'에서는 공동촉각주의의 상호작용 기법, 촉각 모델링, '손 아래 손 안내' 그리고 '손 위 손 안내' 기법을 설명하고, 기법들의 정의와 사용 시 고려사항을 논의하였다.

'제5장 다양한 의사소통 옵션의 고려'에서는 의사소통 상징, 접촉 단서 그리고 질감 상징과 같은 다양한 의사소통 양식을 제시하였다.

'제6장 아동의 요구에 부응하기 위한 수화의 응용'에서는 시각 체계인 미국수화 어휘를 촉각적으로 수정하는 방법을 설명하였다. 아동의 신체 위에 수화를 하는 법, 공동 수화 및 촉독수화를 하는 방법 및 각 방법의 고려 사항도 논의되었다.

'제7장 적절한 촉각 전략의 선택'에서는 가족 구성원과 서비스 제공자가 촉각 전략을 실행하고자 할 때 생길 수 있는 어려움들에 대해 논의하였다. 그러한 어려움에 대처하는 방법에 대한 제언과 더불어 자주 듣는 질문들도 논의되었다.

'제8장 문해 출현의 지도'에서는 모든 아동을 위한 문해 경험의 중요성을 강조하고 경험을 내용으로 담은 책과 스크랩북 상자 같은 촉각 자료를 통해 초기 문해 기술을 도와줄 수 있는 방법들을 제안하였다.

마지막으로 독자들을 위해 용어의 정의를 책 말미에 제시하였다. 이 책의 궁극적인 목적은 아동의 의사소통 기술을 증진시키는 것이다. 이 책에 담긴 정보는 가족 구성원과 서비스 제공자들이 아동의 의사소통 요구와 관련하여 IFSP와 IEP를 개발하는 데 도움이 될 수 있을 것이다.

제1장 접촉 감각

제1장
접촉 감각

접촉은 가장 큰 감각 기관인 피부를 통해서 감지된다. 촉각은 가장 먼저 발달하는 감각일 뿐만 아니라, 다른 사람과의 신체적 접촉은 생애 초기 발달의 모든 측면에서 필수적이다(Black-well, 2000). 아동 발달 초기의 정서, 사회성, 의사소통, 인지발달에 관련하여 피부 대 피부 접촉의 중요성을 생각해 보라. 예를 들어, 유아가 보내는 신호에 안아 주고 편안하게 해 주며, 먹여 주고, 기저귀를 갈아 주며 반응하는 세심한 보호자는 유아와 안정된 애착을 발달시킨다. 유아는 울고, 웃고, 또는 눈맞춤을 하여 보호자의 신체적 관심과 상호작용을 이끌어 낼 때 의사소통을 학습한다. 아동이 시각장애와 다른 중도의 장애를 수반할 때, 촉각은 주변 세계에 대한 정보를 얻고 의사소통하며 다른 사람과 상호작용하고 개념을 발달시키는 데 중요한 수단이 된다. 이러한 이유로, 시각장애아동들의 서비스 제공자와 가족들은 촉각의 중요성은 물론 아동의 학습, 성장, 발달에서의 중요한 역할에 대해 잘 알아야 한다.

  이 장에서는 시각과 촉각의 차이점과 이러한 감각의 사용에 관한 문화적 영향, 그리고 촉각 접촉의 다양한 형태와 시각장애와 다른 장애를 함께 수반하고 있는 아동들의 촉각 사용에 관련된 연구들을 논의한다. 독자들이 일상적 상호작용에서 접촉을 어떻게 사용하고 있는지에 대한 자기인식과 반성을 촉진하고 촉각 상호작용을 통해 아동들과 함께 효율적으로 작업 할 수 있는 능력을 향상시켜 주는 안내 질문과 가상 활동도 제공한다. 시각장애와 중복장애를 가진 아동들을 위해 촉각 전략을 선택하고 사용하는 경우, 촉각 사용과 시각 사용 사이의 상당한 차이가 고려되어야 한다. 시각중복장애아동들에게 촉각 전략을 선택하고 사용하는 것은 세심한 계획과 사고가 필요하다.

  피부는 언제나 무언가(예: 신체의 다른 부위, 옷, 가구 등)와 접촉해 있기 때문에 촉각은 항상 활성화되어 있다(Montagu, 1986). 일상생활에서 접촉되어 발생하는 촉감각을 제거하는 것은 불가능하다. 상황에 따라서 "'만져지는 것'의 느낌과 '만진 것'의 느낌"을 구별하기 어려울 수도 있다(McLinden & McCall, 2002). 반대로 시각은 눈을 감거나 밤에 전등을 끔으로써 간단히 제거될 수 있다. 누군가를 보는 것과 누군가가 당신을 보는 것의 차이를 구별하는 것 또한 가능하다.

  시각이 본 것에 대해 즉각적이고 전체적이며 포괄적인 묘사를 제공하는 반면에(예: 자동차를 보기) 촉각은 한 번에 한 측면에 대한 정보를 제공한다(예: 자동차의 바퀴를 보고 그다음에 바퀴의 휠 캡과 흙받이를 본다). 시각적 탐색과 비교하면, 사물의 촉각 탐사는 더 많은 시간을 소요하고 사물의 완성된 이미지를 구성하기 위해서 촉각 이미지 계열의 합성이 필요하다.

접촉 감각은 근위적이고 직접적인 감각이다(proximal and intimate sense). 즉, 무언가 또는 누군가가 실제로 신체적 접촉을 하는 경우에만 촉감을 인식한다. '눈으로 볼 수 있는 최대의 거리'인 거리 감각은, 조명 조건이나 사람의 시력과 시야의 범위에 의해서만 제한된다. 시각은 접촉 감각보다 덜 '개입적'인 감각이다. 일상적 상호작용 과정에서 사람들을—낯선 사람일지라도— 쳐다보는 것은 사회적으로 용인되지만, 만나는 모든 사람을 만진다면 이상하고 부적절하며 끔찍하기까지 한 것이다.

접근, 거리, 크기, 안전의 제한으로 인해 볼 수 있는 모든 것을 만질 수는 없다. 시각이 없다면, 아동은 상징적 의사소통과 다른 경험을 통해 그러한 것들을 배운다. 〈표 1-1〉은 중복장애를 가진 아동들과 상호작용을 할 때 고려되어야 하는 촉각과 시각 사이의 중요한 차이를 보여 준다.

1. 촉각에 대한 다양한 관점

신체 접촉과 촉각의 사용에 대한 사람의 관점은 가정교육, 가정 내 관습, 문화적 가치에 의해 영향을 받는다. 친구 및 지인들과 상호작용할 때, 어떤 지역에서는 사람들이 포옹하고 입

표 1-1 ● 촉각과 시각의 차이와 사회적 상호작용에 대한 시사점	
촉각	시각
근위 감각: 촉각은 다른 사람과의 상호작용을 유지하기 위해 아동에게 신체적 접촉을 요구한다. 아동은 또한 물체를 조작하고 탐색할 수 있는 기회가 필요하다.	**거리 감각**: 시각 사용을 위해 기능적 시각, 적절한 조명, 좋은 대조, 그리고 기타 방법이 필요하다. 아동은 누군가를 쳐다보며 사회적 관계를 유지할 수 있다.
제거가 불가능하다: 아동은 접촉되어지는 것에 대한 통제가 매우 약하다. 아동이 적극적으로 만지지 않거나 특정 물건을 촉각적으로 탐색하지 않으려 할 수 있지만, 자신의 선호에도 불구하고 그렇게 하도록 신체적으로 안내될 수 있다. 중복장애를 가진 아동들은 일상의 보살핌을 받는 중(다루어지거나 자세를 바꿀 때)에 지속적으로 촉각적 접촉을 하게 된다. 따라서 접촉되어지거나 접촉을 사용하는 것에 대한 아동의 반응을 해석하고 존중하는 것이 중요하다. 그리고 구체적인 촉각 신호 또는 정보가 다른 촉각 투입 정보에 비해 아동이 쉽게 변별하고 인식할 수 있다는 것을 알아야 한다.	**제거할 수 있다**: 아동은 어떻게, 언제, 어디에서 시각을 사용할 것인지에 대한 통제가 높다. 예를 들어, 아동은 자신의 눈으로 무언가를 볼지 보지 않을지 또는 멀리 보거나 눈을 감을지 여부를 선택할 수 있다.
한 가지 사물의 한 가지 측면에 대한 정보를 제공하기 때문에 여러 촉각적 이미지가 합해져야 한다: 아동은 사물을 촉각적으로 탐색하기 위해 시간과 반복적 기회, 그리고 촉각 정보의 통합과 이해를 지원할 경험이 필요하다.	**즉각적이고 전체적인 정보를 제공한다**: 아동이 신속하게 시각적 대상을 볼 수 있고 시각적인 정보의 인식을 확인하기 위해 쉽게 '다시 보기'를 할 수 있다. 시각은 크기, 모양, 색상, 움직임에 대한 모든 정보를 한 번에 제공한다.

맞추거나 손을 잡기도 하고 만지기도 한다. 다른 사회에서 이 행동은 오직 가족 구성원에게만 허용된다(Dresser, 1996). 이와 유사하게, 어떤 문화권의 사람들은 대화할 때에 서로 매우 가까이 서 있지만, 다른 문화권에서는 사람들끼리 개인 공간으로서 서로에게 최소한 세 걸음 정도 떨어져 있어야 한다(Lynch & Hanson, 2004). 한 지역사회 내에서 사람들 사이의 신체적 접촉에 대한 적절성 여부는 그들의 관계, 성별, 연령, 상황에 의해 결정된다. 예를 들어, 현대 미국 사회에서 6세 여자 아동이 가정에서 아버지의 무릎에 앉아 있는 것은 사회적으로 용인되지만 학교에서는 그렇지 않다. 16세 소녀가 작별 인사를 할 때 친구와는 허그(hug)를 하지만, 이웃을 향해서는 손을 흔드는 것이 사회적으로 적절하다. 어떤 문화와 종교에서 가족 구성원이 아닌 이성과 신체적인 접촉을 하는 것은 악수, 안내 보행, 접촉 단서라 할지라도 부적절할 수 있다. 시각장애아동들의 서비스 제공자는 아동의 가족에게 촉각 전략의 목적을 설명하고 가족이 편안하게 받아들일 수 있는 수준을 결정해야 한다.

특정한 형식의 접촉이 중복장애자녀에게 수용될 수 있을지에 대한 가족의 결정은 아동의 연령과 가족의 문화에 따라 달라질 수 있다. 예를 들어, 마사지는 어떤 지역에서는 인기 있는 방법이다. 미국에서 마사지는 부모와 자식 사이의 긍정적인 정서적 유대를 촉진하고 발달초기에 이러한 중요한 관계를 지원하는 인기 있는 수단이다(Schneider, 1996). 비록 치료적 성과가 아직 명확하게 증명되지 못했지만(Gallagher, 2003), 장애를 가진 아동들에 대한 몇 가지 조기중재 프로그램에서 유아 마사지는 보편적이다(Chen, 1999). 연구들은 마사지가 보호자-아동 간의 긍정적인 상호작용을 지원하고 자신의 각성 상태를 조절하는 아동의 능력을 촉진할 수 있다고 한다(Lappin & Kreschmer, 2005: Pardew & Bunse, 2005).

감각 통합 프로그램은 작업치료사의 지도하에 아동에게 강한 압력의 접촉(예: 무게감 있는 조끼를 통해)을 제공하는 것을 포함할 수 있다. 중도장애와 의료적 요구를 가지는 학령기 학생들은 건강과 관련된 문제로 마사지를 받을 수 있다(예: 혈액 순환을 돕기 위한 발 마사지). 하지만 장애청소년을 위한 마사지 프로그램은 일반적으로 시행되지 않고 학교에서도 매우 이례적인 것으로 간주할 수 있다.

가정교육과 문화적 관습의 영향뿐만 아니라, 사람들은 자신이 접촉되어지는 방법에 대해 저마다의 선호를 가지고 있다. 예를 들어, 어떤 사람은 서로 가까이 앉는 것을 좋아하고, 또 어떤 사람들은 다른 사람과의 사이에 더 많은 공간을 필요로 한다. 어떤 사람들은 마사지를 즐기는 반면 또 그렇지 않은 사람도 있다. 누구는 거친 질감을 좋아하지만 어떤 사람들은 미끈거리는 물체를 만지기 좋아한다. 어떤 사람들은 피부를 자극하기 때문에 특정 직물을 착용할 수 없다. 사회적 상호작용과 의사소통을 지원하기 위해 촉각 전략을 선택하고 사용하는 경우 아동의 개인적인 선호가 반드시 고려되어야 한다.

2. 촉각 접촉의 형태

각 문헌에서는 시각중복장애아동들과의 상호작용에 영향을 미치는 촉각 접촉의 서로 다른 세 가지 형태를 밝히고 있다 (Bushnell & Boudreau, 1991; Heller & Schiff 1991; McLinden & McCall, 2002; Montagu, 1986).

- 사회적 접촉: 애착과 정서적인 관계를 촉진하고, 수동적 접촉 및 능동적 접촉 모두와 관계된다.
- 능동적 또는 촉각적 접촉: 환경과 상호작용하고 사물을 다루고 신체적으로 탐색하여 변별과 인식을 도울 정보를 획득하는 과정이다. 능동적 접촉은 피부의 촉각 감각뿐만 아니라 운동과 공간적 위치에 대한 신체의 운동 감각 민감성에 대한 정보를 포함한다.
- 수동적 접촉: 어떤 사물이나 사람에 의해 접촉되었을 때나 피부에 닿았을 때 발생하는데, 압력이나 체온으로 느껴지는 이 촉각 정보는 알아차리지 못할 수도 있고 마음이 진정되고 즐거워지거나 또는 고통스럽게 느껴질 수도 있다.

1) 사회적 접촉

사회적 접촉은 만남이나 이별을 위해 인사할 때, 칭찬이나 편안함을 표현하기 위해, 그리고 기타 사회적 상호작용을 위해 빈번하게 사용된다. 사회적 접촉에 대한 아동의 첫 번째 경험은 양육자와 상호작용을 하는 동안, 신체 및 촉각적 요소(예: 배 간지럽히기, 까꿍)와 관련된 생후 초기 게임을 하는 동안, 그리고 양육 루틴(routine)이 반복되는 동안 발생한다. 프로젝트 SALUTE에 참여한 아동과 가족은 모두가 즐거워했던 다양한 촉각 상호작용 게임을 개발했다. '사각 사각 얼음 레모네이드', '케이크를 만들어요'와 같은 박수 게임, '나무 넘어가요!'라는 부드러운 동물 인형을 아동 위로 쌓는 게임, 그리고 '강아지 키스'라는 그 가족의 강아지가 아동의 얼굴을 핥는 게임이다. 사회적 접촉은 능동적 접촉(아동이 다른 사람을 접촉하는 것)과 수동적 접촉(아동이 누군가에 의해 접촉되어지는 것)을 모두 포함한다. 아동의 수동적인 사회적 접촉의 예는 마사지 받기, 다른 사람이 머리를 빗질해 주거나 안아 주는 것 등이다. 아동의 능동적인 사회적 접촉의 예는 친구의 손을 쓰다듬기, 부모나 다른 보호자를 안기, 또는 형제나 자매의 머리를 빗질하기 등이 있다.

시각중복장애를 가진 장애아동들은 가족, 친구, 서비스 제공자와 사회적 접촉을 통한 사회적 관계를 유지하기 위해 부가적인 방법이 필요할 수 있다. 각각의 의사소통 상대자는 아동이 좋아하는 것, 싫어하는 것 그리고 촉각 접촉에 대한 아동의 개인적인 선호에 민감해야 한다. 논의된 바와 같이, 한 사람의 문화와 가치는 사회적으로 수용할만하다고 여길 수 있는 촉각 상호작용의 유형에 영향을 준다. 일부 서비스 제공자는 촉각 상호작용이 부적절할 수 있다는 문화의 차이 또는 두려움 때문에 다른 성별의 학생에 대한 촉각 상호작용을 주저할 수도 있다. 어떤 가족은 가족 구성원 이외의 사람이 자녀에게 접촉 단서나 응용 수화를 사용하는 것에 대해 우려할 수도 있다.

교육 프로그램에 남성과 여성 사이의 적절한 사회적 접촉 유형에 대한 지침을 포함할 수 있다. 특히 아동이 시각장애를 수반할 때 프로그램 관리자, 서비스 제공자, 가족 구성원들, 그리고 학생(적절한 경우)은 사회적 접촉의 사용을 논의해야 하고, 아동을 돌보는 사람은 가족과의 대화, 주의 깊은 관찰, 계획된 상호작용을 통해 아동의 선호에 대한 정보를 수집해야 한다(접촉 등 사회적 상호작용에 대한 문화의 영향에 대해 자세한 내용을 보려면, Dresser, 1996; Lynch & Hanson, 2004; http://clas.uiuc.edu 참조).

자기만의 신체적 접촉 사용과 촉각 상호작용에 대한 반응을 인식하기 위해 자기반성(self-reflection)의 과정이 필요하다. 아동과 상호작용하는 사람들은 말, 제스처, 수화 및 다른 의사소통 수단을 통해 명확한 메시지를 의사소통할 뿐만 아니라 아동, 활동, 자신의 능력에 대한 느낌과 아동과 상호작용하는 것에 대한 관심 같은 감정적일 수 있는 숨겨진 메시지도 함께 전달하고 있다는 점을 명심해야 한다. 사회적 접촉에 대한 자기인식을 높이기 위해 다음과 같은 사항을 고려한다.

• 나는 친숙한 가족 구성원과 가까운 친구들에게 어떻게 신

체적 상호작용을 하는가?(예: 안기, 입 맞추기, 손잡기, 등 두 드리기) 그들의 반응은 어떠한가?

- 나는 지인들과 어떻게 신체적 상호작용을 하는가?(예: 악수 하기, 등 두드리기) 그들의 반응은 어떠한가?
- 나는 내 아이나 친구의 자녀와 어떻게 신체적 상호작용을 하는가?(예: 안기, 입 맞추기, 손잡기, 등 두드리기, 그들에게 무 언가를 보여 주기) 그들의 반응은 어떠한가?
- 내가 좋아하거나 싫어하는 신체적 접촉의 유형은 무엇인 가?(예: 마사지, 세게 누르기, 가볍게 만지기, 등 두드리기)
- 나는 신체적 상호작용에 어떻게 반응하는가?(예: 누군가가 나의 주의를 끌기 위해 나를 만졌을 때)
- 나는 시각장애를 수반하는 학생들이 선호하는 신체적 접 촉이나 촉각적 자극에 대한 정보를 어떻게 얻는가?
- 나는 시각장애를 수반하는 학생과 신체적으로 상호작용할 때 어떻게 하는가?(예: 인사하기, 주의 끌기, 무언가를 보여 주기)
- 내 손은 아동이 촉각 상호작용을 하고 싶게 만드는가? 내 손은 촉각 접촉을 위해 다가가기 쉽고, 편안하고, 즐거우 며 반응적인가?
- 나는 촉각 접촉을 통해 다른 느낌을 어떻게 표현하는 가?(예: 행복할 때, 화날 때, 피곤할 때, 반대할 때, 못마땅할 때)

사회적 접촉에 대한 아동의 반응을 관찰할 수 있도록 안내하 는 다음 질문들을 고려한다.

- 누가 아동과 신체적 상호작용(예: 만지기, 안기, 등 두드리기, 뒤엉켜 놀기)에 참여하는가? 이러한 사회적 상호작용은 언제 발생하는가?
- 이러한 사회적 상호작용에 아동의 반응은 어떠한가?
- 아동이 다른 사람과의 신체적 상호작용을 먼저 시작하는가?(예: 만지거나 안거나 등을 두드려 주기 위해 손을 뻗기)

맹 아동은 사회적 상호작용을 하는 동안 사회적 촉각 접촉과 능동적 촉각 접촉 모두를 사용하여 중요한 보호자를 인식하고 다른 사람과 구별한다. Fraiberg(1977)는 5개월에서 8개월 사이의 맹 영아가 어머니의 얼굴을 손으로 촉각 탐색하는 것이 증가한다는 것과 자신의 어머니나 낯선 사람이 안아 줄 때 차별적으로 반응하는 것을 발견했다.

시각장애영아의 발달에 대한 문헌연구를 수행한 Warren(1994)은 생후 1년 동안 영아의 반응을 이끌어 낸 촉각 자극의 종류와 영아가 어떻게 반응했는지를 확인했다. 그는 2개월 된 영아가 적극적으로 자신의 어머니와 촉각 접촉을 모색하고 이 접촉에 대한 반응으로 미소를 지었음을 발견했다. 4개월 된 영아들은 어머니의 코를 만지고 끙 앓는 소리를 내며 고무젖꼭지를 손에서 손으로, 손에서 입으로 옮겼다. 5개월 된 영아들은 플라스틱 딸랑이를 움켜쥐거나 입으로 가져가고 손으로 부모의 얼굴을 탐색했다. 6개월 된 영아들은 가슴에 간지럼을 태울 때 미소를 지었다. 7개월 된 영아들은 자기가 떨어뜨린 쿠키를 찾기 위해 살펴보고 발견해 입에 넣었으며, 어머니가 안아 주었을 때 잠잠해지고 어머니의 얼굴을 만졌다. 또한 낯선 사람이 안았을 때 초조하거나 불편해하며 몸을 비틀고, 꼼지락대며 울음을 터뜨렸다. 떨어뜨린 장난감을 찾기 위해 여기저기를 살피고 손등에 닿은 장난감을 움켜쥐었다.

2) 능동적 촉각 접촉

아동이 능동적 촉각 접촉을 사용하는 것, 즉 도움 없이 물체나 사람을 조작하고 탐색할 수 있도록 하기 위해서는 아동의 팔, 손, 손가락, 또는 발에 어느 정도의 운동제어가 필요하다. 살펴보고 있는 것에 대한 유용한 정보를 얻으려면, 아동은 다양한 탐색 행동을 사용할 필요가 있다. Fraiberg(1968, 1977)가 수행한 보호자와 영아의 촉각 상호작용에 대한 초기 관찰을 제외하고, 관련 문헌들은 사물을 조사하기 위한 능동적 촉각 접촉의 사용에 초점을 맞추고 있다. 4~6개월 사이의 정상 시력을 가진 영아는 사물을 조작하고 조사하기 위해 한 손을 사용한 적극적인 탐색 운동이 증가하는 경향을 보인다(Morange-Majoux, Cougnot, & Bloch, 1997). 이미 정상 시력을 가진 6개월 된 영아의 탐색 행동은 사물의 속성(예: 종 흔들기, 딱딱한 표면에 물체 두드리기, 스펀지 짜기)과 관련된다(Palmer, 1989; Ruff, 1984). 물체의 어떤 특성은 아동의 촉각 탐색을 유도한다. Nielsen (1991)은 시각중복장애를 가진 어린 아동이 다양한 촉각 특성을 가진 사물(예: 딸랑이와 고무 패드 같이 소재, 크기, 모양이 여러

가지인 사물)을 다루는 데 더 많은 시간을 소요하고 촉각 특성
이 어느 정도 차이가 있을 때 사물의 세부적인 것(예: 금속 숟가
락 및 열쇠와 같이 유사한 소재, 크기, 모양의 사물)을 비교한다는
것을 밝혀냈다.

몇몇 연구는 시각장애영아가 사용하는 탐색 행동의 특성을
조사했다. 일부 연구자들은 생소한 사물과 친숙한 사물에 보이
는 유아의 반응 차이에 초점을 맞추었고, 다른 연구자들은 유
아가 사물을 탐색하는 데 사용하는 행동의 유형을 조사하였다.

6개월과 10개월 연령의 저시력 영아 두 명을 대상으로 한 연
구에서 이 연령대의 영아들이 친숙하지 않은 사물에 대해서는
낮은 수준의 조작을 보이는 한편 친숙한 사물은 높은 조작 수
준을 보임으로써 모양과 질감을 기억한다는 것을 밝혀냈다
(Catherwood, Drew, Hein, & Grainger, 1988). 또 다른 연구
(Schellingerhout, Smithsman, & Van Galen, 1998)는 다른 장애가
없는 선천성 맹 영아 8명(9~22개월)이 13개월이 되어서 손가락
으로 만지작거리기를 시작해, 5개월에 시작하는 정안 영아
(Ruff, Saltarelli, Capozoli, & Dubiner, 1992)보다 늦다는 것을 알아
냈다. 맹 영아를 관찰한 연구들은 다음과 같은 발달 경향을 제
안한다(Schellingerhout et al., 1998).

- 8개월: 입에 가져다 물기, 움켜쥐기
- 13개월: 입에 가져다 물기와 차별화된 손과 손가락 움직임
  을 통한 조사하기(손 탐색)

• 22개월: 손 탐색

Bradley-Johnson과 동료들(2004)은 12개월에서 23개월 사이의 맹 및 정안 영아들을 대상으로 열두 가지 탐색 행동의 사용을 조사하였다. 그 행동들은 사물 입에 가져가기, 얼굴 부분 사용하기, 밀기, 흔들기, 손으로 직접 만져보기, 회전하기, 쥐어짜기, 손가락으로 만지작거리기, 치기, 손에서 손으로 옮기기, 잡아 뜯기, 그리고 떨어뜨리거나 던지거나 밀어버리는 행동이었다. Schellingerhout와 동료들(1997, 1998)처럼, Bradley-Johnson과 동료들은 맹 영아와 정안 영아 모두가 선택한 사물의 특성에 맞는 다양한 탐색행동을(예: 딸랑이 흔들기, 장난감 자동차 밀기) 사용한다고 밝혔다. 1~2세 사이의 맹 영아들은 사물을 입에 가져다 물기 행동의 증거가 거의 발견되지 않았다 (Bradley-Johnson et al., 2004). 이와 반대로 Schellingerhout와 동료들(1997)에 의하면 정안 영아들은 첫돌이 될 무렵 사물을 입에 가져가는 행동이 줄어드는 반면에 맹 영아들은 이렇게 조기에 감소되지 않는다. 이 연구자들은 맹 영아가 사물을 입에 가져가는 행동을 하는 이유로 이들이 사물의 다른 특성에 집중을 하거나 손-시각 탐색 접근 수단이 없어서 입-손 탐색을 하는 것이라고 설명한다.

시각중복장애아동은 장애가 없는 정안 아동들에 비하여 손 탐색 기술이 떨어진다고 보고되고 있다. Rogow(1983)는 3세에서 19세 사이의 맹 또는 시각장애아동 및 청소년 148명을 대상으로 언어 수준과 사물 조작능력 간에 관계가 있음을 발견했다. 말 기술이 제한적이거나 없는 대상자들은 손 기능이 제한적인 경향이 있었으며 이상하거나 상동적 손 매너리즘(stereotypical hand mannerism)을 보일 가능성이 더 많았다. 반면에 연령에 적절한 말과 언어능력이 있던 대상자들은 탐색행동과 사물을 이용한 놀이를 하였고 상동적 매너리즘은 보이지 않았다.

McLinden(1999, 2004)은 심한 시각장애와 부가적인 장애를 수반한 3세에서 15세 사이의 아동 아홉 명을 대상으로 촉각적(능동적 접촉) 행동을 조사하였다. 사물과 상호작용을 하는 동안 다양한 행동들이(예: 손 뻗기, 잡기, 움켜쥐기, 옮기기, 손과 입의 사용) 발견되었지만 모든 아동이 모든 행동을 보이지는 않았다. 일부 행동들은 다음과 같은 특정한 '탐색적 절차(exploratory procedures)' (Lederman & Klatsky, 1987)와 유사하였다.

- 횡 운동(lateral motion): 손가락으로 사물의 표면을 가로질러 문지르기
- 압력(pressure): 사물을 꽉 쥐거나 손가락으로 찌르기
- 정적 접촉(static contact): 손가락을 사물의 표면 위에 대고 가만히 있기
- 에워싸기(enclousure): 사물을 손으로 잡거나 쥐기(전체적인 모습이나 용량을 탐색: 역자 주)
- 받침없이 잡기(unsupported holding): 사물을 지지면으로부터 들어올려 잡기(무게를 가늠하기 위해: 역자 주)

• 윤곽 따르기(contour following): 손가락으로 사물의 윤곽을
  탐지하기

(McLinden, 2004)

시각장애와 중복장애를 수반하는 아동들이 보이는 행동 중
일부는 모습이 다를 수 있지만, McLinden(2004)은 이러한 행동
들의 기능이 유사하다고 제안한다(즉, 사물의 특성에 대한 정보를
수집하기 위한).

• 횡 운동: 입술이나 뺨에 물체 문지르기, 손가락으로 긁기,
  물체 핥기
• 압력: 사물을 물거나 두드리거나 가볍게 치기, 사물을 신체
  부위 위에 두드리거나 가볍게 치기
• 정적 접촉: 물건을 신체의 부분에 대고 잡기
• 에워싸기: 입안에 물체 넣기
• 받침 없이 잡기: 머리 위에 사물을 올려놓고 균형 잡기
• 윤곽 따르기: 얼굴이나 신체 전체에 걸쳐 물체 문지르기

McLinden에 따르면, 아동의 서로 다른 물체에 대한 촉각 운
동을 체계적으로 관찰하면 아동의 탐색운동 범위를 밝힐 수 있
다. 이러한 정보는 아동이 사물을 이해하는 것을 지원해 줄 경
험을 제공하기 위해 사용될 수 있다.
정안 아동의 촉각 변별에 대한 연구 문헌에 기초하여, Barra-

ga(1986)는 맹 아동의 촉각-운동 감각적 인식에 대해 가능성 있는 발달 계열을 제시했다.

- 다른 질감, 온도 및 진동하는 표면에 대한 **인식과 관심**
- 움켜쥐거나 조작하여 여러 유형과 크기를 가진 사물의 **구조와 모양 변별**
- 놀이 중에 다양한 사물을 분해하고 조립하며 **전체와 부분의 관계 인지**
- 평평한 2차원 형태는 3차원인 실제 참조물과 닮지 않았기 때문에 높은 수준의 촉지각과 인지 연합이 요구되는 그래픽 표상의 인식
- 인쇄 문자와 단어의 시각적 인식과 유사한 촉각 지각과 인지적 연합 수준이 요구되는 **점자의 인식**

이 체계는 맹 중복장애를 가지는 아동을 위한 촉각과 초기 문해 경험 발달을 위한 지침을 제공한다. 능동적 촉각 접촉을 위한 기회를 확인할 수 있도록 다음과 같은 질문들을 고려한다.

- 아동이 일상적인 활동을 하는 동안에 물체를 다루어 보고 촉각 탐색을 하도록 격려할 수 있을 때는 언제인가?
- 어떤 종류의 물체(예: 기능, 크기, 모양, 질감, 구성)가 아동의 촉각 탐색 동기를 부여할 가능성이 있는가?
- 아동이 물체를 촉각적으로 조사하기 위해 어떤 유형의 지

원이 필요한가?

연구 결과(Gibson, 1962, 1966)는 사물을 탐색하는 데 탐색 절차를 사용하는 능동적 촉각 접촉이 수동적 접촉보다 더 많은 정보를 제공한다고 제안한다. 다른 연구자들은 두 가지 유형의 촉각 접촉 모두 매일마다의 탐색에 사용되며, 탐색 대상 사물의 유형과 친숙한 것인지의 여부에 따라 수동적 촉각 접촉과 능동적 촉각 접촉의 효과가 달라질 수 있다고 한다. 예를 들어, 전동식 점자타자기를 사용하는 독자는 점자가 순서대로 솟아올라 생성되는 하나의 점자 셀 디스플레이에 손가락을 계속 대고 있는다(McLinden & McCall, 2002). 사람의 손에 닿는 물체의 움직임은 중요한 특징이다. 수동적 촉각 접촉 실험에서, Gibson(1962)은 사물을 움직이는 것이 단순히 사람의 손에 물건을 올려놓는 것보다 더 많은 정보를 제공한다는 것을 밝혔다.

3) 수동적 촉각 접촉

중도의 시각중복장애아동들은 일상적인 의료적 중재, 매일의 보살핌, 그리고 신체적 촉진(예: '손 위 손 안내')을 사용하는 동안 빈번하게 수동적 촉각 접촉을 경험한다. 가족이나 서비스 제공자가 아동들이 촉각 탐색 전략을 개발하고 사용할 수 있는 구체적인 기회와 필요한 지원 및 시간을 제공하지 않는 한 아동들은 능동적 촉각 접촉을 거의 경험할 수 없다. 대부분의 경우, 시각중복장애아동은 조작하고 탐색하는 데 지원이 필요하다. 이러한 탐색은 심한 운동장애를 가진 아동에게는 특히 어려울 수 있다. 너무나도 자주, 중복장애를 가진 아동과 상호작용하는 사람은 아동의 손을 잡아 주고 사물과 기타 촉각 자극을 조작하도록 도와주어 수동 접촉 경험을 너무 많이 갖게 한다. 촉각 접촉이 어떤 특정 아동에게 정보를 얻는 가장 주요한 방식이라면, 능동과 수동 촉각 접촉 경험에 대한 기회의 구별이 필요하다.

〈표 1-2〉에 나타낸 바와 같이, 사회적, 능동적, 수동적 촉각 접촉에 대한 아동의 반응과 사용이 확인될 수 있다. 이러한 정보는 아동의 일상적인 활동 안에서 촉각 전략 사용에 대한 제안의 개발을 가능하게 한다.

3. 감각 통합

일부 시각중복장애아동은 감각 조절장애(감각 투입 자극에 대한 반응 관리의 어려움)와 관련될 수 있는 특정 행동을 보인다. 이러한 문제를 가진 아동은 과민반응(낮은 각성 역치수준을 가지고 있어서 쉽게 감각 투입 자극에 의해 압도됨), 감각 회피(낮은 각성 역치수준을 가지고 있어서 적극적으로 감각 투입 자극을 피함), 둔감(높은 각성 역치수준을 가지고 있어서 감각 투입 자극이 증가되기를 요구함), 그리고 감각 추구(높은 각성 역치수준을 가지고 있어서 감각 투입 자극을 적극적으로 추구함)를 보인다(Williamson &

표 1-2 ● 아동의 촉각 접촉 사용에 대한 요약

이름: Leon S.
McKinley 초등학교
정보 제공자: Leon의 어머니와 교사

나이: 8세
날짜: ○○년 ○월 ○○일

촉각 접촉의 유형	반응과 사용	좋아하는 것
사회적 접촉	• 사회적 접촉(인사, 신체적 칭찬)에 주의를 기울이지만 적극적으로 반응하지 않을 수 있다. • 누군가가 아동을 신체 놀이(예: 박수치기 게임)에 끌어 들이려 할 때 간혹 웃는다.	• 엄마와 여동생과 함께 신체 놀이에 참여하기 • 친숙하거나 친숙하지 않은 사람들로부터 사회적 접촉 받기
능동적 접촉	• 혼자서 음식이나 좋아하는 장난감에 다가간다. • 촉진을 받으면 스케줄 상자에서 물건을 찾는다. • 관심을 표현하거나 상호작용을 위해 익숙한 사람에게 다가간다.	• 진동하는 부드러운 물체(예: 귀 가까이에서 진동하는 고무줄)를 가지고 놀기
수동적 접촉	• '손 위 손' 지원을 허락한다. • 물체를 가볍게 움켜쥐기는 하나 좀처럼 살펴보지는 않는다.	• 간혹, 활동을 계속하게 하려고 어머니가 손을 조작해 줄 때까지 기다리기(예: 손 닦기)

싫어하는 것	강점	요구와 제안
• 사람들과 갑작스럽거나 거친 사회적 상호작용(예: 삼촌과 함께하는 거친 놀이)을 싫어한다.	• 가족 구성원과 사회적 상호작용(예: 엄마 안기, 여동생과 신체적 접촉하기, 아빠 찾기)을 원한다. • 가족 구성원과 놀이를 하고 상호작용을 한다.	• 사회적 상호작용을 증가시키기 위해 공동촉각주의를 사용한다.* • 함께 활동하기. 당신이 하고 있는 것을 Leon이 느끼도록 격려한다(예: 같은 시간에 같은 간식을 먹기). • 다른 사람에게 사회적으로 반응하는 방법을 설명하기 위해 촉각 모델링을 사용한다(예: 인사, 물건 주고받기).*
• 젖어있고 끈적끈적한 물체를 회피하는 성향이 있다.	• 좋아하는 놀잇감이나 음식을 찾을 때 주위를 탐색하는 것에 관심을 가진다.	• 두 개 또는 세 개의 항목 중에서 선택하기를 계속한다. • 촉각적으로 흥미있는 환경을 만들어 만지기 활동을 격려한다. • Leon과 함께하는 활동을 촉각 모델링할 때 또래 친구를 참여 시킨다.
• 좋아하지 않는 활동일 때, '손 위 손' 지원을 거부한다.	• 대부분 최소한의 촉진으로 적절히 반응한다.	• 팔꿈치나 손목 촉진을 사용하여 '손 위 손' 지원을 계속 줄여 나간다.

* 제4장 참고

Anazalone, 2001). 예를 들어, 어떤 아동은 특정한 질감을 만지거나 조작하는 것을 피할 수 있으며(감각 회피), 또 다른 아동은 특정한 사물을 입에 물고 집요하게 계속해서 빨 수도 있다(감각 추구). 감각 통합, 기능적 행동 분석, 의사소통, 시각장애, 중도장애에 대한 전문 지식을 가진 전문가들의 학제 간 견해와 아동가족이 제공하는 정보는 이러한 행동 유형들을 조사하는 데 도움이 될 수 있다. 감각 통합과 감각 처리의 포괄적인 논의는 이 책의 범위가 아니다. 그러나 여기서 아동의 수수께끼 같은 행동의 복잡성을 분석하는 데 있어 학제 간 협력을 장려하기 위해 몇 가지 기본 개념을 소개하고자 한다.

감각 통합(sensory integration)은 감각 정보의 조직이나 처리를 의미한다(Williamson & Anazalone, 2001). 감각 통합은 '가까운 감각(near senses: 촉각, 전정 감각 및 고유수용 감각)'의 입력에 따른 개인의 반응에 초점을 맞춘다(Lynch & Simpson, 2004). 감각 처리의 관점에서, 감각 자극에 대한 아동들의 반응 차이는 아동의 감각 역치 수준과 관련이 있다.

감각 통합 전문가들은(Dunn, 1997; Williamson & Anazalone, 2001) 감각 역치를 연속체로서 개념화한다. 한 극단으로서 낮은 역치는 높은 민감성을 나타내고, 다른 극단으로서 높은 역치는 자극에 대한 낮은 민감성으로 표현된다. 낮은 감각 역치를 가진 아동은 어떤 감각의 투입에 과민하게 보일 것이고, 감각을 피하고 싶어하며, 자극에 쉽게 흥분될 수 있다. 확실한 접촉(firm touch)이 이러한 아동을 진정시켜 줄 수 있다(Lynch &

Simpson, 2004). 낮은 감각 역치를 가진 아동은 조용하고 매우 예측하기 쉬운 환경, 그리고 지속적인 활동에서 '쉴' 수 있는 기회가 조직되어있는 환경이 필요하다. 반면, 감각 자극에 둔 감할 수 있는 높은 감각 역치를 가진 아동은 감각 자극 투입을 원하고, 주의를 집중시키고 각성하게 해 주는 자극을 필요로 할 것이다.

이런 아동은 미술활동과 물체 조작, 신체 및 운동 활동을 포 함하는 짧은 활동이 필요하다. 자극에 덜 민감한 아동들은 수 동적이고 피곤해 보일 수 있지만 활발한 신체 놀이 후에 더 많 은 상호작용을 하게 될 수 있다. 일부 아동은 환경, 각성의 수 준, 감정 상태, 감각의 축적, 친숙한 사람의 존재 또는 부재를 포함한 복잡한 영향 때문에 감각 자극에 대한 반응이 일관적이 지 않을 수 있다(Williamson & Anazalone, 2001). 촉각 입력 자극 에 대한 개별 아동의 비정상적인 반응에 관한 의문점과 우려는 감각 통합에 대한 배경 지식이 있는 자녀의 직업 치료사에 문 의한다.

4. 가상체험활동

가상체험활동에 참여하는 것은 가족 구성원, 서비스 제공자 및 또래 친구들에게 아동의 입장을 경험하고 촉각 정보를 주고 받는 연습을 할 기회를 촉진한다. 가상체험활동 1은 능동적인 촉각 접촉을 통해 사물을 확인하는 활동이고, 가상체험활동 2는 촉각 접촉과 관련된 선호를 확인하는 방법을 설명하며, 가상체험활동 3은 촉각 접촉을 통해 의사소통에 대한 통찰력을 제공한다.

1) 가상체험활동 1: 능동적 촉각 접촉으로 사물 확인하기

① 가방 안에 다양한 물건들(예: 실제와 인조 과일 및 야채, 축소 모형이나 모형 장식품)을 넣는다.

② 자원한 두 사람에게 두 눈을 모두 가릴 것을 요청한다.

③ 물건을 잡아 다른 참가자들에게 물건이 무엇인지 소리 없이 조용히 살펴볼 것을 요청한다.

④ 자원한 두 사람에게 물건을 주고 촉각적으로 조사하라고 요청한다.

⑤ 자원한 두 사람에게 눈을 뜨게 하고 사물의 식별을 쉽거나 어렵게 만드는 특성(예: 친숙함, 크기, 질감, 무게, 재료, 냄새, 움직일 수 있는 부분 등)에 대해 함께 논의한다. 이 경험을 바탕으로, 특성을 파악하기 가장 쉬운 사물의 유형(예: 실제 사물, 사람의 경험이나 지식 범위 안에 있는 항목)과 더 추상적이고 촉각적으로 인지하기 더 어려우며(예: 모델이나 인위적 표상, 친숙하지 않은 항목) 언어와 다양한 경험을 요구하는 특성에 대해 논의한다.

⑥ 시각을 통해 정보를 얻는 것과 촉각 접촉을 통해 정보를 얻는 것의 차이와 시각중복장애를 수반하는 아동의 교육

에 대한 시사점을 논의한다. 예를 들어, 사물을 선택하여 아동에게 세심히 만져 보도록 한다. 촉각 자료에 대한 아동 반응을 관찰하고 존중한다. 자료를 탐색하는 아동을 위해 충분한 시간을 허용한다. 그리고 아동이 물체를 만지고 조작해 볼 기회를 반복하여 제공한다.

2) 가상체험활동 2: 촉각 접촉 유형에 따른 선호 확인하기

① 어른-아동 짝 가상체험을 하기 위해 두 사람을 짝짓는다.
② 말이나 수화를 통해 의사소통하지 않는다.
③ '어른' 역할을 하는 사람은 보고 '아동' 역할을 하는 사람은 시각 손상을 체험할 수 있도록 눈을 가린다.
④ '어른' 역할을 하는 사람이 먼저 '아동'을 부드럽고 가볍게 살짝 만지고 톡톡 친다. 그다음엔 확실하게 만지고 톡톡 친다.
⑤ 역할을 바꾼다.
⑥ 접촉 유형에 따른 느낌과 선호에 대해 이야기 한다.

3) 가상체험활동 3: 촉각 접촉으로 의사소통하기

사람들을 두 집단으로 나누고 두 가지 다른 색깔의 카드에 촉각 '메시지'를 써서 각 집단에 나누어 준다. 활동의 목표가 카드의 메시지를 촉각으로 전달하는 것이기 때문에 서로 상대방의 카드를 볼 수 없다.

① 맹 아동과의 상호작용을 가상체험하기 위해 두 사람을 짝 짓는다.

② 한 사람은 보고 맹 아동 역할을 맡은 다른 사람은 눈을 가린다.

③ '보이는 사람'은 말을 할 수 없고 '맹 아동'을 만져서 다음 메시지를 전달한다.

   • 인사하기("안녕, 나 왔어.")

   • 반대("이제, 그만.")

④ '맹 아동'은 메시지를 이해했는지 못했는지를 답한다.

⑤ 역할을 바꾼다.

⑥ '보이는 사람'은 말을 할 수 없고 '맹 아동'을 만져서 다음의 메시지를 전달한다.

   • 지시("여기 앉자.")

   • 칭찬("우와, 잘 했구나.")

⑦ '맹 아동'은 자신이 받아들인 메시지에 반응한다.

⑧ 모두 바꾸어 가며 '맹 아동' 역할을 해 본 뒤에 무엇이 메시지를 표현하거나 이해하기 쉽거나 어렵게 만들었는지 묻는다. 경험을 떠올려 보고 각자의 반응과 통찰을 함께 나눈다.

의사소통의 의미는 의사소통이 발생하는 맥락에 의해 뒷받침된다. 가상체험활동 3에서의 의사소통은 '탈맥락적'이기 때문에 정보 전달자는 상징의사소통을 이해하지 못하는 수신자를 위해 메시지의 의미를 분명하게 만들어야 하는 요구가 크다. 이를 위해 다음의 예처럼 의미 이해를 높이기 위하여 루틴, 비상 징적 의사소통 수단, 사물, 그리고 기타 단서를 제공할 수 있다.

① '안녕, 나 왔어.'와 같은 인사는 익숙한 사람이 정보 수신자에게 방금 돌아왔다는 것과 정보 수신자가 이를 알고 있음을 나타낸다.
② '이제, 그만.'과 같은 지시는 정보 발신자가 싫어하는 일이나 허락하지 않은 일을 정보 수신자가 하고 있고 이러한 금지가 특정 행동과 관련될 수 있다는 것을 가정한다.
③ '여기 앉자.'와 같은 제안은 정보 발신자와 정보 수신자가 서 있고 앉을 장소를 찾고 있다는 것을 가정한다.
④ '우와, 잘 했구나.'와 같은 코멘트는, 수신자가 한 일에 정보 발신자가 만족하고 수신자가 이러한 칭찬을 특정 행동과 관련시킬 수 있다는 것을 나타낸다.

가상체험활동의 이러한 유형들은 바로 다음 장에서 논의될 다음의 촉각 전략들을 연습함으로써 여러 메시지를 전달하기 위해 반복될 수 있다.

- 손 위 손 안내(hand-over-hand guidance)
- 손 아래 손 안내(hand-under-hand guidance)
- 촉각 모델링(tactile modeling)

- 공동촉각주의(mutual tactile attention)
- 신체 위 수화(sign on body)
- 공동 수화(coactive signing)
- 촉독 수화(tactile signing)

가상체험활동은 아동 개개인의 활동과 자료에 대한 촉각적 조정을 계획할 때에도 유용하다. 아동이 접하게 될 경험의 기회들은 성인과 또래 친구 모두에게 촉각 정보를 필요로 하는 아동과의 상호작용을 지원하기 위한 중요한 관점을 제공하여 줄 것이다.

5. 요 약

이 장은 상호작용과 정보 획득의 방법으로써 촉감각에 대해 개관하였다. 관련된 연구와 다양한 촉각 접촉 유형(사회적, 능동적, 수동적)이 다양한 촉각 투입 자극 정보를 사용하도록 아동을 독려하기 위한 방법들과 함께 논의되었다. 가상체험활동들은 아동이 다양한 촉각 접촉 유형들을 사용하는 방법에 대한 의사소통 상대자의 인식을 높이기 위해 제안되었다. 촉각 감각은 시각장애와 부가적인 복합장애를 수반하고 있는 아동을 위한 주요 정보 수단이다. 그래서 아동발달을 지원하는 사람들은 이러한 감각 양식에 익숙해질 필요가 있다.

제2장

촉각 접촉을 통한
상호작용 지원

제2장
촉각 접촉을 통한 상호작용 지원

정보를 얻고 의사소통하며 다른 사람들과의 사회적 상호작용 수단이 되어 주는 시력이나 청력에 손상이 있다면 아동의 촉각 사용은 개발되고 지원되어야 하며 정교화되어야 한다. 촉각 전략들은 상징적이거나 비상징적인 방법으로 자연스러운 사회적 상호작용과 대화를 지원할 필요가 있다. 최선의 촉각 의사소통 방법을 선택하여 사용하면 개별 아동의 의사소통 욕구를 충족시키고 아동의 신체 언어 및 의사소통을 보완하게 된다. 소리를 들을 수 있는 아동들이 말을 배우기 전에 수천 개의 단어에 노출되는 것처럼 시각중복장애아동들은 의미를 이해할 수 있기 이전부터 일상생활 상황에서 사물이나 수화 또는 다른 상징물을 통해 지속적이고 다양한 경험을 해야 한다. 촉각 의사소통 전략 이외에도, 의사소통 상대자는 말, 몸짓 그리고 다른 자연스러운 의사소통 방법들을 사용하여 중복장애아동과 자연스러운 상호작용을 촉진하고, 일부 기능적 시력이나 청력이 있는 아동들에게는 부가적인 의사소통 정보를 제공할 수 있다.

번갈아 가며 말하기(turn-taking)와 대화하기는 의사소통과 언어학습의 기본이기 때문에, 감각중복장애아동은 어릴 적부터 번갈아 가며 말하기 게임과 대화에 참여하고 기술을 개발하도록 특별한 지원이 필요하다(Klein, Chen, & Haney, 2000; Miles & Riggio, 1999). 〈표 2-1〉이 설명하듯이, 촉각 전략은 시각중복장애아동뿐만 아니라 의사소통 상대자에 대해서도 확실한 이점을 가지고 있다. 「촉각 의사소통 양식」에 제시된 감각장애와 중복장애를 수반하는 아동들을 위한 다양한 의사소통 방법은 의사소통의 필수 원칙과 함께 다음에서 설명한다. 이 장에서는 촉각 수단을 사용해 혜택을 볼 수 있는 아동들과 효과적으로 의사소통 하는 방법, 그리고 그들의 수용의사소통과 표현의사소통의 개발 및 다른 사람들과 메시지를 수용하고 표현하는 것을 지원하기 위해 유용한 지침을 제공한다.

표 2-1 ● 촉각 전략의 이점

시각장애아동에게 이로운 점	아동의 의사소통 상대자에게 이로운 점
• 중요한 감각 양식의 요구에 부응한다. • 아동이 익숙한 사건(events)을 예측하도록 돕는다. • 아동이 하는 활동에 주의 집중하도록 안내한다. • 사회적 상호작용 기회를 증가시킨다. • 활동 참여를 지원한다. • 활동에 의미를 부여한다. • 수용의사소통과 표현의사소통을 지원한다.	• 아동과의 배려 깊고 구조화된 사회적 상호작용을 촉진한다. • 아동에 대한 관찰과 반응이 증가한다. • 아동 반응에 대한 기대를 높인다. • 아동이 접근할 수 있는 의사소통을 지원한다.

1. 촉각 상호작용을 위한 일반적인 정보

감각장애와 다른 장애를 수반하는 아동과 상호작용할 때에는 다음과 같은 일반적인 상호작용 정보를 고려한다.

- 아동의 손등이나 어깨에 손을 대며 아동과 인사한다.
- 아동에게 당신의 이름을 말하며 촉각적으로 당신을 확인하는 방법을 통해(예: 수화 이름 사용, 사물, 또는 변별 단서) 당신을 소개한다.
- 아동의 반응을 볼 수 있는 곳, 그리고 당신이 의사소통 상대로서 역할을 할 수 있는 곳에 앉아서 아동과의 접촉을 유지한다. 아동에게 당신의 손을 주거나(예: 아동의 손 아래에

촉각 의사소통 양식

접촉 단서(touch cue): 신체적 촉진은 아동과 의사소통하기 위해 일관성 있는 방식으로 신체 위에 직접적으로 이루어진다.

사물 단서(object cue): 사물의 전체나 일부분으로 사람, 장소, 물건 또는 움직임을 표현한다. 사물은 실제 상황에서도 사용될 수 있다.

신체 위에 하는 수화(signs on body): 수화를 수화 수용자의 몸 위에 직접해 주는 표준 수화이다.

공동 수화(coactive signing): 표현의사소통을 위한 표준 수화를 할 수 있도록 아동의 손을 신체적으로 안내해 주는 것이다.

촉독 수화(tactile signing): 수화 수용자가 한 손이나 두 손을 수화 생산자의 한 손 또는 두 손 위에 가볍게 얹고 수화를 촉각적으로 감지하는 것으로 표준수화체계에 바탕을 둔 의사소통 방법이다.

당신의 손을 두어 아동이 당신의 손가락을 잡거나 당신의 관심을 얻을 수 있게 한다.) 당신의 손을 아동의 손 옆 또는 살짝 아래에 둘 수도 있고, 활동을 하거나 움직일 때에 아동의 신체 일부분에 당신의 손을 가까이 놓는다.

• 반응을 기대하고 기다린다. 아동과 사회적 상호작용을 할 때, 당신이 상호작용을 시작한 이후 잠시 멈추거나 아동의 차례임을 나타내기 위해 아동을 만지거나 해서 당신이 아동의 응답을 기대하고 있다는 것을 알린다.

• 필요한 경우, 신체적인 접촉을 통해서 당신이 그 곳에 있다는 것을 아동이 알고 있는지 확인한다. 아동이 몇 가지 방법(예: 움직임, 접촉, 또는 발성 등)으로 메시지를 표현하게 하고 의미 있는 방법으로 반응해 준다. 가능하다면 매일 이러한 상호작용에 참여하게 한다. 아동이 먼저 당신의 도움을 요청하거나 당신의 도움에 대해 아동의 동의를 구하기 전에는 아동을 돕거나 아동에게 '무언가를 하는 것'을 지양한다.

• 아동이 촉각으로 환경을 탐색하도록 격려한다(예: 테이블 위의 물건을 조사하기, 다양한 활동에 참여하는 동안 당신의 손을 만지기, 또는 다른 사람들의 활동을 조사하기).

• 당신의 손을 아동의 손 아래에 놓고 아동과 함께 더듬어 탐색한다.

• 당신의 손을 아동의 손에 닿을 듯 조금 옆에 조용히 놓아둠으로서 아동이 당신의 손을 언제든 만질 수 있도록 한다.

그림 2-1 촉각 접촉 유지하기: 미끄럼틀 타고 내려오기

아동과 함께 시간을 보내며 수행 기대를 미리 생각하지 말
고 사회적 상호작용에 집중한다. 당신이 옆에 있다는 것을
아동이 인지하게 한다. 아동이 당신의 손을 조용하고 편안
하게 닿을 수 있도록 둔다. 아동의 손과 얼굴 그리고 신체
를 살펴보고 아동의 표현과 움직임을 해석한다. 아동이 당
신에게 먼저 다가오고 무언가를 시작하기를 기다린다.

• 아동과 함께 활동하는 동안에 '촉각 접촉'을 유지하며 당
신이 활동을 같이 하고 있다는 사실을 아동이 알게 한다.
예를 들어, 테이블에서 아동과 함께 활동할 때에, 당신이
곁에 있는 것을 아동이 알 수 있도록 팔꿈치를 부드럽게 닿
게 하여 아동이 당신의 손을 찾을 수 있도록 접촉을 유지한
다. [그림 2-1]의 그림은 미끄럼틀을 타고 함께 내려오는

동안의 '촉각 접촉 유지하기'에 대해 보여 준다.

- 아동을 접촉하는 방식의 하나로 '번갈아 가며 접촉하기 게임'을 개발하여 아동의 반응을 격려한다(예: 아동의 손가락을 두드리고 아동이 자신의 손을 흔들거나 당신의 손을 두드릴 때까지 기다린다).

- 대화할 때 다양한 의사소통 기능을 장려하고 적절하게 반응한다(예: 요청하기, 거절하기, 코멘트 하기, 관심 가지기). 예를 들어, 익숙한 활동(예: 진동 베개 놀이)을 멈춤으로써(진동 베개를 끄기) 활동을 중단하고, 활동을 다시 하기 전에 아동이 활동을 더하자고 '요청'(예: '켜.' 또는 '더.')하는 것을 기다린다. 간식처럼 좋아하는 활동을 준비한 다음, 활동을 시작하지 않고 아동이 활동을 시작하기 위해 소리 내어 표현하거나 식탁을 두드리기, '먹기'를 표현하는 수화 등을 사용하여 당신의 주의를 끌 수 있도록 한다. 아동이 밀어버리거나, 고개를 가로 젓고, '싫어.'라고 수화를 할 수 있게끔 좋아하지 않는 음식이나 장난감을 준다.

- 아동과 함께 사물을 만져 보는 방식으로 '촉각 대화'를 권장한다. 오렌지에 대해 대화하는 장면을 보여 주는 [그림 2-2], [그림 2-3]을 참고한다.

- 각 활동이나 물체를 활용한 상호작용의 마무리 부분에서, 아동에게 활동이 끝났음을 알리고(예: '끝' 수화해 주기), 아동에게 상자에 물건을 넣거나 치우는 방법을 촉각 모델로 알려 준다.

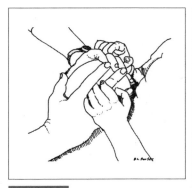

그림 2-2 촉각 대화:
오렌지 탐색하기

그림 2-3 촉각 대화:
'향기가 좋구나.'

- 작별 제스처(예: 손을 흔들거나 어깨 위에 접촉 단서를 사용)를
사용하여 아동과 헤어지기 전에 작별인사를 하고 아동이
이러한 수화에 촉각적으로 관심을 기울이도록 한다.

2. 아동의 선호와 행동에 반응하기

아동의 선호와 행동에 대한 해석을 도울 수 있는 다음의 사항
을 명심한다.

- 행동이나 사물에 대한 아동의 선호를 결정하고 사회적 상
호작용과 의사소통 개발에 그러한 행동이나 물건을 사용
한다.
- 아동을 누가 만졌을 때, 아동이 어떻게 반응하는지를 관찰

하고 이를 당신과의 상호작용과 대화 개발에 사용한다. 예를 들어, 아동이 당신의 손을 두드리면 당신은 '두드리기 게임'을 개발할 수 있다.

- 아동이 자신을 만졌을 때 어떻게 반응하는지 관찰하고 가장 덜 개입적인 유형의 접촉을 사용한다. 예를 들어, 당신의 손을 아동의 손 옆에 놓아 당신의 손이 닿는 것에 대해 아동이 어떻게 반응하는지 보고 아동의 손을 잡을 것인지 결정한다.

- 아동이 정보를 처리할 수 있도록 시간을 주고 예상되는 반응이 아동에게 일어나는지 관찰한다. 대개, 같은 연령의 장애를 수반하지 않은 아동들보다 더 오래 기다릴 필요가 있을 것이다.

- 아동의 의사소통 행동에 주의를 기울이고 해석하며 즉각 반응한다.

- 아동이 자신에게 가장 효과적인 방법으로 반응하도록 한다. 이 방법들은 가리키기, 상징물 만지기나 상징물 건네기를 포함할 수 있다. 아동이 특정한 방법으로 당신과 상호작용하도록 강요해서는 안 된다.

3. 활동하는 동안 의사소통하기

일상생활 안에서 의사소통을 위한 방법을 생각해 보자. 예를 들어, 다음의 접근 방법을 고려한다.

- 아동의 사회적 상호작용 기회와 참여를 독려하는 데 필요한 촉각적 조정을 확인하기 위한 생태학적 사정(ecological assessment)을 실시한다. 생태학적 사정은 아동의 일과 동안 이루어지는 활동에 대한 관찰을 포함하고, 생태학적 목록(ecological inventory)은 활동의 단계나 계열의 리스트를 만드는 것이다. 〈표 2-2〉는 이야기 나누기 활동(circle time) 동안의 생태학적 목록을 보여 준다. 이 예에서 시각장애와 중복장애를 수반하는 아동은 '보행'이 가능하다. 안내하기를 희망하는 또래들은 교사나 그 아동의 허락을 구하도록 하게 한다.
- 활동을 하는 동안 아동이 산만하지 않고 아동의 활동을 방해하지 않을 때에 의사소통을 한다.
- 아동에게 의사소통에 대해 동기를 부여할 수 있고 촉각 의사소통이 지속적으로 사용될 수 있는 상황(예: 식사나 휴식 시간 동안 선택의 기회 제공하기)을 찾는다.
- 일과 중에 의미 있고 연령에 적합한 활동을 하는 동안, 그리고 집과 학교 그리고 지역사회 상황에 두루 걸쳐 아동과 함께 빈번하고 지속적으로 촉각 의사소통을 사용한다.
- 자연스러운 기회들에 걸쳐 사회적 상호작용을 반복한다. 무엇이 기대되는지를 아동이 이해하기까지는 많은 기회가 필요하다. 모든 아동이 그렇지 않을 수도 있지만 특히 시각

과 청각 정보에 명확하게 접근하는 데 어려움을 겪는 아동들에게는 매우 중요한 사실이다. 아동이 특정한 기술을 배울 수 있도록 매일 여러 기회를 찾는다. 예를 들어, 아동이 서로 다른 것을 나타내는 두 가지 사물 중에 한 가지를 선택하는 것을 학습하였다면, 하루 종일 이러한 유형의 선택을 제공한다. 아동이 음식, 음료, 놀이 활동, 옷들 사이에서 선택을 하게 한다. 선택의 기회를 제공하기 위해 가정이나 학교 지역사회에서 자주 기회를 제공한다.

표 2-2 ● 생태학적 목록: 이야기 나누기 활동

루틴의 단계	자연적이고 일반적인 교수적 단서	요구되는 기술	촉각적 조정
• 자유 놀이에서 이야기 나누기 활동으로 바꾸기	• 교사가 말한다. "놀이시간 5분 남았어요. 곧 이야기 나누기 시간이에요." 다른 아동들은 장난감 제자리에 놓기	• 지시에 따르기 • 선반 위나 통 안에 장난감 넣기	• 촉독 수화 • 촉각 모델링 • 이야기 나누기 시간을 위한 사물 단서 • 촉각 촉진
• 이야기 활동 공간으로 이동하기 • 카페트에 앉기	• 이야기 영역에 교사가 앉는다. • 카페트	• 이야기 활동 공간으로 걸어가기 • 자리 잡고 앉기	• 안내자 역할을 하는 또래 친구 • 빈 자리를 찾기 위해 촉각을 이용하여 탐색하기 • 촉각 촉진
• 시작 노래 부르기	• 교사가 노래하기 • 다른 아동들이 노래하기 • 기대 행동 알기	• 노래 알기 • 노래 함께 부르기	• 음악과 신호에 맞춰 행동하거나 움직이기 • 촉각 모델링

• 다음 활동 선택하기	• 교사가 말한다. "다음 활동으로 무엇을 하고 싶은가요?" • 교사가 선택의 기회를 제공한다. • 개인적인 선호 표현하기	• 옵션에 대해 듣기 • 선택을 나타내기	• 촉독 수화 • 옵션에 해당하는 사물 • 아동은 교사에게 선택한 사물을 주며 선택 표현
• 활동 센터 선택하기	• 교사가 활동을 설명한다. • 교사가 사물을 보여준다(예: 쿠키 틀, 컴퓨터 디스크, 미술붓). • 개인적 선호	• 교사의 설명듣기 • 사물 살펴보기 • 손을 들어 선택 표현하기	• 활동을 위한 촉독 수화 • 활동 센터를 나타내는 사물 준비(컴퓨터 센터를 나타내는 CD) • 사물을 고르고 손을 들어 선택 표현하기 • 촉각 촉진
• 센터로 이동하기	• 교사는 아동의 이름을 부르고 각 아동에게 선택한 활동에 관련된 사진을 나누어 준다. • 활동 센터를 본다.	• 자기 이름 듣기 • 자기 이름 인식하기 • 일어서서 교사에게 가기 • 사진을 얻고 해당하는 센터로 가기	• 촉각 이름 수화 • 신체적 촉진 • 교사는 시각장애아동과 또래 친구에게 활동 센터를 나타내는 사물을 제공 • 또래 친구가 활동 센터로 아동을 안내하기

4. 의사소통 지원 방법

1) 첫 단계 시작하기

아동의 요구와 능력, 경험과 일상생활 활동에 가장 효율적인 의사소통 양식을 선택한다. 단서와 상징물들은 아동이 접근할 수 있어야 하고, 아동의 흥미를 반영해야 하며, 가능하다면 참조물과 물리적 연합이 밀접한 것(예: '마시다'를 나타내는 '컵')이어야 한다. 그리고 다음의 단계를 따른다.

- 쉽게 변별할 수 있는(매우 다른 것) 적은 수의 단서나 상징물을 지속적으로 사용하고, 아동이 의미를 이해할 때 점진적으로 그 수를 늘려간다.
- 두 명의 아동이 서로 다른 물체를 가지고 나란히 함께 놀이할 수 있도록 해주고, 중복장애아동이 사물을 이용해 차례를 번갈아 가며 놀이할 수 있는 기회, 그리고 여러 방법으로 다른 아동과 의사소통할 수 있는 기회를 제공한다.
- 또래들이나 성인들이 같은 목적으로 같은 의사소통 체계를 사용하는 것을 경험할 수 있는 상황을 만든다(예: Mary는 Sam에게 이야기를 하면서 Sam의 질감 상징을 사용하기 위해 Sam의 손 아래에 자신의 손을 놓는다.).

2) 의사소통 반응 형성하기

첫째, 아동이 안전하고 편안하게 위치하였는지를 확인한다. 그리고 적절한 말이나 촉각적 접촉을 통해 아동의 관심을 얻는다. 아동의 반응을 얻기 위해 다음 방법들을 시도한다.

- 아동이 가장 좋아하는 활동을 나타내는 사물이나 상징물

을 아동의 손 바로 옆에 놓고 손에 살짝 대어 준다.

- 적어도 10분에서 15분 정도 기다린다. 접촉과 물체의 탐색, 반응을 보이기 위해 노력하는 데에 걸리는 시간은 개별 아동에 따라 달라진다. 어떤 아동은 반응에 상당히 긴 시간이 필요하다. 아동의 반응 시간을 예상하기 위해 아동이 좋아하는 활동과 좋아하지 않는 활동에 반응하는 데 얼마나 시간이 걸리는지 관찰한다. 아동의 반응은 매우 모호할 수 있다. 예를 들어, 손의 움직임에 제한이 있는 아동의 경우에는 근긴장, 호흡 속도, 표정의 변화로 물체에 대한 반응을 나타낸다.
- 만약 아동이 반응을 보이지 않는다면, 아동의 손바닥이나 손등(또는 신체의 다른 부분)에 물건을 놓아 준다.
- 아동이 물체를 인식하고 있다는 것을 나타내는 신호로서 물체에 대해 어떤 움직임을 보이는지를 지켜본다.
- 아동이 물체를 탐색하거나 움켜쥐는 것을 돕기 위해 '손 아래 손 안내(hand-under-hand guidance)' 방법을 사용하거나 손목 촉진(아동의 손목을 만지거나 안내하는 방법)을 실시한다.
- 활동에 즉시 관여한다.
- 활동을 하는 동안 물체를 느끼고 진행 중인 활동 및 적절한 사물에 관한 대화에 참여할 수 있도록 기회를 제공한다.
- 아동의 반응을 해석하고 적절히 반응한다.
- 의사소통 주기를 적절하게 반복한다.

3) 의사소통 요구 만들기

다음은 의사소통에 대한 요구가 생기도록 하는 것이다. 아동의 자발적인 의사소통을 촉진하기 위해 다음 정보를 사용한다.

- 아동이 학습하고자 하는 동기를 가질 수 있는 주요 단서, 상징물 그리고 수화를 확인하기 위해 아동의 흥미와 선호를 지켜본다.
- 아동이 단서와 그 참조물의 의미를 이해하는 것을 돕기 위해 예측할 수 있는 루틴과 활동을 형성한다.
- 아동이 의사를 표현할 수 있도록(요구하기) 동기 부여된 활동과 게임을 잠시 멈추고 기다리거나 '중단' 한다. 예를 들어, 그네를 탈 때에 밀어 주기를 멈추고 아동이 몸짓이나 발성, 수화를 통해 '더' 또는 '그네' 를 표현하여 요청하도

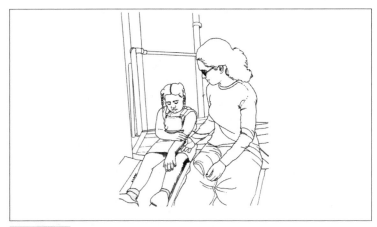

그림 2-4 '미끄럼틀' 을 수화로 표현하도록 촉진하기

록 기다린다.

- 아동이 매우 익숙해하고 높은 선호도를 보이는 활동을 시작하기 전에 기다린다. 이러한 지연 전략은 아동의 표현의 사소통을 이끌어 낼 수 있다. 예를 들어, [그림 2-4]는 미끄럼틀을 타고 내려오기 전에 표현의사소통('미끄럼틀' 수화 표현)을 촉진하기 위해 아동의 팔꿈치에 손을 대고 '미끄럼틀'을 수화로 표현하도록 아동을 기다리는 장면이다.
- 도움을 요청해야 하는 물건(예: 아동이 열 수 없는 간식)을 아동에게 준다.
- 아동이 더 많은 것을 요청하도록 촉구하기 위해 아동이 좋아하는 것의 양을 제한하여 준다.
- 하루 동안 선택의 기회를 주기적으로 제공한다.
- 아동이 싫어하거나 원하지 않아 거절할만한 무언가를 준다.
- 아동의 요청을 유도하기 위해 아동의 손이 닿지 않는 곳에 좋아하는 물건을 놓아 둔다.
- '코멘트'하는 것을 장려하기 위해 익숙한 루틴이나 기대에 어긋나는 행동을 하거나 일을 벌인다(예: 냉장고 안에 좋아하는 장난감을 넣어 두기).

4) 다음 단계 진행하기

아동이 사물 단서, 질감 상징 또는 수화를 인식하는 것처럼 보일 때(예: 아동이 좋아하는 활동에 대한 기대에 웃거나 흥분하였을 때), 아동이 의미를 바르게 이해하고 있는지(예: '먹기'라는 수화를 하였을 때 아동이 입을 벌리거나, 미술 시간을 나타내는 사물 단서를 주었을 때 활동장소로 옮겨 간다.) 확인한다. 아동이 사물 단서, 질감 상징 또는 수화의 의미를 이해하고 있음을 어떻게 나타내는가? 기대하던 활동의 시작이 지연되어지거나 기대하던 활동을 대신해 다른 활동을 시작하였을 때 아동은 어떻게 반응하는가?

아동이 사물 단서와 그 참조물과의 관계성을 연관 지을 때, 점차 구체적 사물 단서(예: 점심시간을 설명하기 위한 숟가락이나 휴식시간을 나타내기 위한 그네의 체인 일부분)를 보다 추상적인 단서들(예: 점심시간을 나타내기 위한 점심 식권이나 휴식시간을 나타내기 위해 양각 카드)로 대체하고 아동의 어휘를 확장시키기 위해 단서나 상징물의 수를 증가시킨다. 한 번에 하나의 변화를 주고, 한 번에 두 개 이상의 사물 단서를 대체하지 않도록 한다. 다양한 상황과 여러 사람(또래 친구를 포함하여) 그리고 여러 장소에서, 아동에게 친숙한 사물 단서와 질감 상징, 또는 수화를 사용하여 아동의 학습 기회를 늘려간다. 선택의 기회를 줄 때 옵션의 수도 늘려 나간다.

5. 의사소통 체계를 위한 필요조건

아동의 교육팀과 가족 구성원들은 아동에게 사용될 가장 효과적인 의사소통 양식과 촉각 전략에 대해 동의해야 한다. 그

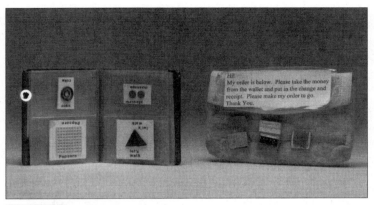

그림 2-5 의사소통 책과 지갑

오른쪽 지갑 위의 메시지 내용
"안녕하세요. 아래 그림들이 제가 주문하고 싶은 것입니다. 지갑에서 필요한 돈을 꺼내시고 잔돈과 영수증은 넣어 주세요. 주문한 것은 가져가겠습니다. 감사합니다."

렇게 하려면, 그들은 단서, 상징물, 수화가 정확하고 지속적으로 사용될 수 있도록 아동의 의사소통 체계의 그림과 문자 사전(text dictionary)의 개발을 고려해야 한다(Mirenda, 2005). 언제나 아동들이 휴대하고 접근하기에 용이하도록 의사소통 상징들을(책, 판, 사진첩, 지갑, CD함, 의사소통판) 잘 배열하여 조직한다. [그림 2-5]는 의사소통 책과 지갑이다.

상징들을 배열할 때 아동의 연령, 흥미, 신체적 능력, 일상생활 활동, 경험을 고려한다. 의사소통 상징들마다 단어, 구절, 질문들을 적어 놓아서 의사소통 상대자들이 메시지를 이해할 수 있도록 한다.

서비스 제공자나 가족 구성원들은 아동이 얼마나 자주 단서와 상징물들이나 수화를 선택하여 사용하는지를 기록하고 아동의 반응도 적는다. 아동이 의사소통 체계를 지속적으로 사용하게 되면, 아동이 선택한 단서와 상징물 또는 수화의 의미를 이해하고 있는지 결정한다. 예를 들어, 아동이 개와 산책하기의 사물 단서(반려견 가죽 끈)를 이해하는가? 집을 나서기 전에 아동에게 반려견 가죽 끈을 주고 반응을 기다리면 아동이 어떻게 하는가? 잘 되는 것은 무엇인지, 변화가 필요한 것과 보완이 필요한 것을 결정하고 기록하기 위해 가족 또는 교육팀과의 정기적인 미팅 후에 의사소통 사전을 업데이트 한다.

6. 요 약

아동과 함께하는 의미 있는 상호작용을 지원하기 위해 촉각 대화가 필요하다. 아동이 상호작용을 예측하고 필요성을 인식하게 하는 데 도움이 될 수 있도록 구체적인 전략이 개발되어야 한다. 효과적으로 촉각적 상호작용을 돕기 위해서, 아동의 독특한 흥미와 능력을 고려한다. 일반적인 상호작용을 위한 구체적인 기회를 확인하고 목표행동을 가르치기 위해 체계적인 행동 형성 절차를 실행한다. 아동이 목표행동을 보이기 시작할 때, 의사소통 체계는 보다 정교화되고 확장될 수 있다.

제3장 촉각 기술 사정과 중재 계획

제3장
촉각 기술 사정과 중재 계획

중복장애아동이 정보를 받아들이는 방법과 효율적이고 효과적으로 그들의 의사소통을 지원할 수 있는 방법을 결정하기 위해 종합적인 사정(comprehensive assessment)이 필요하다. 이 사정은 주의 깊고 체계적인 정보수집 과정이 필요하다. 아동의 촉각 사용과 촉각 정보에 대한 반응을 관찰하는 것은 시각장애아동을 사정하는 중요한 구성요소다.

시각중복장애아동의 교사들과 가족 구성원들은 촉각 정보를 제공하기 위한 가장 좋은 방법과 아동에게 손을 사용하는 방법을 지도하기 위한 가장 효과적인 방법에 대해 궁금함이 많을 것이다. 아동이 청력손실과 심한 지체장애를 갖고 있고 손으로 촉각 정보를 얻지 못하는 경우 상황은 더욱 복잡해진다. 여기 가족들과 교사들이 흔히 하는 몇 가지 질문이 있다.

- 아동들이 촉각 물체를 탐색하고 식별하기 위해 손을 사용

하도록 교사는 어떻게 도울 수 있는가?

• 아동이 손으로 살펴보도록 안내할 때, 아동의 손을 교사의 손 위에 놓아야 하는가? 아래에 놓아야 하는가?

• 아동이 물체를 탐색하기 위해 신체 중 다른 부위를 사용하는 것을 더 좋아한다면 어떻게 해야 하는가?

• 촉각 정보가 필요하지만 심한 지체장애를 가지고 있어 손 조작을 하거나 움직이는 데에 어려움을 겪는 아동에겐 어떤 조정이 필요한가?

• 아동이 우리가 제공한 것을 밀어버리거나 접촉하기를 거부할 때, 아동이 손을 사용하도록 어떻게 촉진할 수 있는가?

이러한 질문들에 답을 하기 위해서 개별 아동에 대한 주의 깊고 체계적인 관찰, 시행착오, 아동의 촉각 환경에 대한 종합적 분석, 아동의 촉각 정보에 대한 반응과 사용에 대한 이해가 요구된다(제7장의 '흔히 받는 질문' 참고). 그리고 교사와 가족 구성원들은 촉각 전략을 사용해 아동과 상호작용하는 최상의 방법과 촉각 정보를 제시하는 방법을 결정할 필요가 있다. 아동이 싫어하는 질감물을 조작하거나 만지기 싫거나 또는 이해하지 못하는 활동에의 참여를 강요당하기와 같은 불쾌한 경험을 했었다면, 이런 경우 어떤 아동들은 촉각 상호작용의 사용에 저항할 수도 있다. 따라서 촉각을 사용하여 학습한 과거의 경험에 관련된 정보를 얻는 것이 중요하다.

아동의 촉각 경험과 촉각 정보의 사용에 대한 정보를 수집하는 과정은 가족과 관련 서비스 제공자간의 종합적인 토론 및 일상적 활동을 하는 동안은 물론 아동의 촉각 탐색과 상호작용을 이끌어 내기 위한 구조화된 상황에서의 신중하고 체계적인 관찰을 포함한다. 이 장은 가족 인터뷰를 위한 양식과 아동의 촉각 사용과 촉각 환경에의 접근에 관한 관찰양식을 포함하고 있다. 또한 이 장에서는 아동의 촉각 기술을 사정하고 중재를 계획하기 위한 불일치 분석과 촉진위계 사용의 예도 제시한다.

1. 인터뷰 진행을 위한 지침

가족 인터뷰의 목적은 아동의 기술과 요구, 적절한 교수 전략에 대한 이해를 높이기 위해 아동의 촉각 경험에 대한 정보를 수집하는 것이다. 면담자는 인터뷰의 질문이 효율적인지, 위협적이지 않는지, 예의 바른지, 문화적으로 민감하지는 않는지, 가족 친화적인 방식인지에 대해 검토하는 준비가 필요하다. 인터뷰는 형식적인 절차보다는 가족과 함께하는 '대화' 형태가 더 적절하다. 사려 깊은 계획과 준비는 생산적이고 유익한 교류에 도움이 된다. 다음은 인터뷰의 세 단계(준비하기, 인터뷰 하기, 인터뷰 끝맺기)에 대한 몇 가지 지침이다.

1) 준비하기

① 질문지를 검토하고 각 질문의 의도를 숙지하며, 질문에 대한 답을 명확히 하고 대화 형태의 톤을 유지하기 위해 필요에 따라 질문을 수정할 수 있다.

② 인터뷰 연습을 실시하고, 각 회기를 녹음하여 듣고 과정을 평가한다.

③ 가능하면, 연습 회기에 대한 동료의 피드백을 받아 인터뷰 과정을 개선하기 위한 제안으로 삼는다.

2) 인터뷰 진행하기

① 가족들에게 대화의 중요성과 목적 그리고 대략적인 소요 시간을 설명한다.

- 예: 당신은 _____에 대해 알고 있습니다.
  우리는 _____에 대한 정보를 얻는 데 당신의 도움이 필요합니다.
  인터뷰에서 얻는 정보는 _____을/를 위한 촉각 학습 전략 개발을 위해서 사용됩니다.
  인터뷰는 _____ 정도 걸릴 것입니다.
  당신이 그만 하고 싶다면 제게 알려 주세요.
  당신이 편리한 다른 시간에 다시 할 수 있습니다.

② 당신이 기록해야 하는 것을 가족에게 상기시킨다. 필요한 경우, 비밀 유지 절차에 대해 설명하고 대화를 기록하는

것에 대한 허락을 구한다.

③ 아동과 가족에게 적절하도록 질문을 수정한다. 예를 들어, 아동의 이름을 사용하고 가족과 함께 한 이전의 관찰을 참조한다. 관련이 없는 질문은 생략하고 가족이 원하는 주제에 대한 부가적인 정보와 관련된 질문은 확장한다.

④ 정보 제공자의 말에 대해 긍정('좋은 생각입니다.'), 지지('당신은 많은 일을 하고 있습니다.'), 중립('아, 음.')과 같은 반응을 보여 준다.

⑤ 예기치 않거나 독특한 응답에 대하여 당신의 신체 언어나 비언어적 반응에 유의한다. 선입견을 배제하고 다른 관점에 대해 열린 자세를 갖는다.

⑥ 당신이 가진 편견과 문화적 가치를 인식하고, 다른 문화의 관점에 대해 배우고 존중하기 위해 노력한다.

3) 인터뷰 마무리하기

① 인터뷰에 참여해 준 가족 구성원들에게 감사의 마음을 전한다.

② 수집된 정보가 어떻게 사용될 것인지 다시 한 번 되짚어 주고 다음 단계로 무엇을 할지 설명한다.

〈표 3-1〉은 아동에 대한 중요하고 종합적인 정보를 얻기 위해 유용하게 사용될 수 있는 기본적인 가족 인터뷰 양식의 예다. 가족과의 논의를 통해 얻어진 정보는 아동의 시력과 청력(질

문이 필요한 경우라면)의 사용, 사물을 사용하는 방법, 좋아하는 것과 싫어하는 것, 강점과 요구 그리고 사회적으로 상호작용하거나 의사소통하는 수단을 확인하기 위해 요약될 수 있다. 〈표 3-2〉은 Leon S. 가족과의 인터뷰 내용이 어떻게 요약될 수 있는지를 보여 준다.

표 3-1 ● 가족 인터뷰

가족 인터뷰			
아동 이름		연령	
인터뷰 날짜		면담자	

이 인터뷰를 통해 댁의 자녀가 사용하는 여러 감각(시각, 청각, 촉각 등)을 확인하고자 합니다. 이를 통해 얻은 정보는 댁의 자녀가 의사소통하고 학습할 수 있도록 지원하기 위한 교수 전략을 개발하는 데 사용될 것입니다.

1. 시각

이 질문들의 목적은 자녀의 시각적 진단과 시각장애자녀에 대한 가족의 인식을 조사하는 데 있습니다.

- 의사, 안과의사, 검안사는 자녀의 시각적 어려움에 대해 무엇을 이야기 하였나요?
- 교사는 자녀의 시각적 어려움에 대해 무엇을 이야기 하였나요?

만일 자녀가 저시력이라면,

- 자녀는 다른 활동들을 할 때에 자신의 시력을 어떻게 사용하나요?

계속 〉〉

시각 사용에 대한 조사

- 아동은 불빛, 햇빛, 섬광에 반응을 보이나요? 빛에 반응을 보일 때 어떻게 행동하나요?
- 자녀가 사람이나 물체에 대해 반응하는 것을 본 적이 있나요?(물체나 사람의 크기, 색, 거리, 움직임, 위치에 대해 묻는다.) 당신은 자녀가 무언가를 보고 있다는 것을 어떻게 아나요? 자녀가 더 선호하는 시야가 있나요? 보고자 하는 것이 얼굴보다 오른쪽이나 왼쪽 또는 위 또는 아래에 있을 때 더 잘 보는 것 같나요?
- 당신은 당신의 자녀가 특별히 좋아하는 색이 있는지 관찰해 보았나요? 이것을 언제 알게 되었나요? 이 색에 대한 자녀의 반응은 어떠한가요?

2. 청각

이 질문들의 목적은 자녀의 청각에 대해 살펴보고 자녀의 청력 활용 방법에 대한 가족의 인식을 조사하는 데 있습니다.

만일 청각 손상이 있다면,

- 의사, 청각학자는 자녀의 청각적 어려움에 대해 무엇을 이야기 하였나요?
- 교사는 자녀의 청각적 어려움에 대해 무엇을 이야기 하였나요?

만일 자녀가 조금 들을 수 있거나 청각 손상을 입지 않았다면,

- 자녀는 여러 상황에서 청각을 어떻게 사용하나요? 자녀가 반응을 보이는 소리는 어떤 것들인가요? 소리를 듣기 위에 얼마나 큰 소리가 필요하나요? 소리를 듣기 위해 얼마나 가까이 있어야 하나요?

청각 사용에 대한 조사

- 자녀는 자신의 이름이나 어떤 특정 단어에 반응을 보이나요? 만일 그렇다면 어떻게 반응하나요?

계속 〉〉

- 자녀는 어떤 반응을 하나요? 웃나요? 눈을 깜박이나요? 말을 하나요? 말하다 멈추나요? 또는 신체의 어떤 부위를 움직이나요? 소리 나는 쪽을 향해 돌아서나요?
- 한쪽 귀가 다른 한쪽보다 더 잘 들리는 것처럼 보이나요? 예를 들어, 왼쪽이나 오른쪽에서 소리가 난다면 자녀는 어느 쪽에 더 잘 반응을 보일까요?

3. 다른 고려 사항

이 질문들은 자녀의 다른 학습 특성이나 장애에 대해 정보를 제공합니다.

- 자녀는 제가 알고 있어야 할 어떤 특별한 학습 요구를 가지고 있나요?
- 자녀가 당신이나 다른 친숙한 사람들에게 반응하기 위해 얼마나 많은 시간이 필요한가요?

4. 매우 선호하는 것

이 질문들은 자녀에게 학습 동기를 부여하고 자녀의 학습 양식을 이해하는 데 쓰일 수 있는 자녀의 선호를 확인합니다.

- 자녀가 가장 좋아하는 사람, 사물, 활동은 무엇입니까? 예를 들어, 어떤 아동은 장난감 중 어떤 특별한 유형을 좋아하거나, 어떤 아동은 사람과 상호작용하는 것을 좋아하거나, 어떤 아동은 거친 신체 놀이를 좋아하고 어떤 아동은 조용한 활동을 좋아합니다.
- 당신은 자녀가 이런 것을 왜 좋아한다고 생각하나요?

선호하는 것에 대한 조사

- 선호하는 사람 각각에 대하여
- 당신의 자녀가 이 사람을 왜 좋아한다고 생각하십니까? 자녀는 이 사람을 더 좋아한다는 것을 어떻게 표현합니까? 당신의 자녀는 다른 사람과는 하지 않지만 이 사람과는 하는 무언가 다른 활동이나 행동이 있습니까?

계속 〉〉

- 선호하는 사물 각각에 대하여
- 당신의 자녀가 이 사물을 왜 좋아한다고 생각하십니까? 그것은 무엇으로 만들어진 것입니까? 만지면 어떤 느낌이 듭니까? 자녀가 좋아하는 질감이나 소재는 무엇입니까? 크기가 어떻습니까? 무슨 모양입니까? 이 물건을 가지고 자녀는 무엇을 합니까?
- 자녀가 정말로 좋아하는 사물의 특징은 무엇이라고 생각합니까?

- 선호하는 활동 각각에 대하여
- 당신은 자녀가 왜 이 활동을 좋아한다고 생각합니까? 자녀가 정말로 좋아하는 활동의 특징은 무엇이라고 생각합니까?

5. 싫어하는 것

이 질문들은 자녀가 싫어하는 것을 알려 주고 자녀의 학습 양식을 확인합니다.

- 자녀는 어떤 사람이나 사물, 활동을 싫어합니까?
- 당신은 자녀가 왜 이러한 반응을 보인다고 생각하십니까?

싫어하는 것에 대한 조사

- 사람 각각에 대하여
- 자녀가 이 사람을 왜 싫어한다고 생각하십니까? 자녀는 싫다는 것을 어떻게 표현합니까?

- 사물 각각에 대하여
- 자녀가 이 사물을 왜 싫어한다고 생각하십니까? 질감 때문입니까? 그것은 무엇으로 만들어진 것입니까? 그 물건으로 자녀는 무엇을 할 것이라 생각됩니까?

- 활동 각각에 대하여
- 우리가 아직 언급하지 않은 것 중에 자녀가 좋아하지 않는 다른 활동이 있습니까?

계속 >>

당신의 자녀가 매력을 느끼지 않는 활동들의 특징은 무엇입니까?

6. 사물의 사용

이 질문들은 자녀의 사물 사용과 촉각 정보에 대해 알기 위함입니다.

- 자녀는 여러 다른 상황과 활동에서 어떻게 물건을 조작하고 촉각 감각을 활용합니까?
- 자녀는 손, 발, 얼굴 또는 몸을 사용하여 사물과 상호작용합니까? 만일 그렇다면, 자녀는 무엇을 합니까?
- 자녀가 주로 손을 사용해 하는 것은 무엇입니까? 예를 들어, 흔들기, 입안에 넣기, 손을 떼지 않고 잡고 있거나 물건을 옆에 둡니까?
- 자녀는 물건을 집고 조작하기 위해 한 손이나 양손을 사용합니까?
- 자녀가 보통 혼자서 조작할 수 있는 사물을 가지고 무엇을 합니까? 예를 들어, 어떻게 그것을 조작합니까?
- 당신은 자녀가 촉각을 사용해 사물을 탐색하고 조작하게 하기 위하여 어떻게 독려합니까?

7. 사회적 상호작용

이 질문들은 사회적 상호작용을 하는 동안 자녀의 촉각 경험에 대한 정보를 모으기 위함입니다.

- 자녀는 당신이나 다른 가족 구성원 그리고 친구들과 어떻게 촉각적으로 상호작용을 합니까? 예를 들어, 자녀는 사람들의 얼굴이나 손을 만지는 것을 좋아합니까? 자녀가 당신이나 다른 사람들에게 접촉하는 것은 흔한 일입니까? 자녀는 언제 당신이나 다른 사람들에게 다가와 만집니까? 왜 그렇게 한다고 생각합니까? 어떤 상황에서입니까?
- 당신과 다른 사람들(가족, 친척, 친구들)은 자녀와 어떻게 촉각적으로 상호작용을 합니까? 당신이 만지거나 움직이는 자녀의 신체 부위는 어디입니까? 그 이유는 무엇입니까? 자녀가 접촉을 선호하는 신체의 특정 부위를 알고 있습니까? 만졌을 때 좋아하지 않는 신체 부위는 어느 곳입니까? 자녀는 확실한 촉각 접촉과 가벼운 촉각 접촉 중에 어느 것을

계속 〉〉

좋아합니까? 자녀에게 당신이 어떻게 하는지 제게 보여 주시겠습니까?

- 당신이 어렸을 때, 어떻게 촉각 접촉을 하였습니까? 예를 들어, 애정, 인사, 상호작용, 훈육, 행동 수정을 위해 접촉이 어떻게 사용되었습니까?

8. 의사소통

이 질문들은 자녀의 의사소통 행동과 기회에 대한 정보를 모아 줍니다.

- 자녀는 요구, 욕망, 거절 또는 싫음, 그리고 다른 생각들을 어떻게 의사소통합니까? 예를 들어, 몸짓, 수화, 발성을 통해서 합니까? 자녀는 이것을 어떻게 합니까?
- 자녀가 당신이나 다른 사람들과 의사소통할 때 반응하는 데에는 얼마나 시간이 걸립니까?
- 당신은 자녀와 어떻게 의사소통합니까? 예를 들어, 사물 단서 또는 다른 단서를 사용합니까? 촉독 수화를 사용합니까? 당신은 자녀에게 이야기합니까? 자녀는 어떤 것을 이해하는 것처럼 보입니까?
- 자녀가 가장 주의를 기울이고 반응을 보이는 때는 언제입니까? 몇 시입니까? 어떤 사람과 어떤 활동을 할 때입니까?

표 3-2 ● 가족 인터뷰 정보 요약

아동: Leon S. (8세)   정보 제공자: Leon의 어머니

시각	청각	기타 학습 요구
• 빛과 어두움 지각	• 중등도에서 중도의 청력 손상	• 매우 낮은 근긴장도 • 잦은 감기 앓이 • 의사소통 방법과 스스로 음식을 먹기 위한 방법의 학습이 요구됨 • 수면시간이 김 • 반응을 보일 때까지 시간이 오래 걸림

계속 〉〉

좋아하는 것	좋아하지 않는 것	강점
• 주스 마시기 • 사람들과 함께 있기 • 다른 사람이 다가와 주는 것 • 엄마와 자매들과 함께 친숙한 게임하기	• 혼자 있기 • 오랜 시간 차 타기	• 사람이나 활동이 좋을 때 웃음 • 사회적 상호작용에서 친숙하지 않은 사람에게도 호의적으로 반응함 • 촉각 자극이 관여하는 간단한 놀이를 즐김(예: 다른 사람에게 비치볼을 던지거나 손바닥치기 놀이 하기) • 두 가지 물건 중에 선택함 • 간혹 가까이 있는 물체나 사람에게 다가감
사물 사용	사회적 상호작용	의사소통
• 쥐는 힘이 약함 • 뚜껑에 주둥이가 있어 빨아서 마시는 유아용 컵이나 빨대를 사용해 혼자 마심 • 정보를 얻기 위해 사물에 손가락을 댐 • 손목이나 팔꿈치를 잡고 도와주었을 때, 물건을 만져서 탐색함	• 사람들 대부분과 사회적 접촉을 즐김 • 다른 사람들과 함께 있는 것을 좋아함 • 적절하게 웃음	• 주의를 끌고 싶을 때나 화가 났을 때 움 • 주의를 끌기 위해 소리를 냄 • 두 가지 사물 중에 선택함(예: 진동 장난감과 주스 상자)

2. 협 력

협력은 서비스 제공자가 아동의 촉각 경험에 대해 상세한 정보를 얻고 아동의 개별적 요구에 부응하는 촉각 전략을 개발시키기 위해 다른 서비스 제공자는 물론 아동의 가족과 함께 일하는 데 아주 좋은 전략이다. 가족 구성원들과 다양한 분야의 관련 전문가들(예: 작업치료사, 물리치료사, 농-맹, 시각장애, 중도장애의 말/언어재활사)은 아동에 대한 포괄적인 정보를 얻기 위해 함께 작업하는 것이 필요하다. 다음의 질문은 논의를 안내하는 데 사용될 수 있다.

- 상호작용하는 동안 아동의 평소 행동 상태는 어떠한가? 조용함, 경계, 과민, 졸음, 상동행동을 보이는가?
- 만일 짜증, 졸음, 또는 상동행동 때문에 아동이 사회적 상호작용할 기회가 없다면 아동의 주의를 이끌기 위해 무엇을 할 수 있는가?
- 아동의 관심과 참여를 유지하도록 하기 위해서 아동을 어떻게 위치시키는 것이 좋은가?
- 아동의 참여와 손으로 하는 탐색을 지원하기 위해 보조공학이나 보조기구가 필요한가?
- 접촉의 사용과 촉각 정보와 관련하여 아동이 좋아하는 것과 싫어하는 것은 무엇인가?

- 아동은 다른 활동, 상황, 사회적 상호작용에서 어떻게 촉각 접촉을 사용하는가?
- 아동은 친숙한 사람들과 어떻게 촉각적으로 사회적 상호작용을 하는가?
- 당신은 아동이 촉각으로 사물을 탐색하고 사회적 상호작용을 할 수 있도록 어떻게 도와주는가?
- 당신이나 다른 서비스 제공자, 또래와 가족 구성원들은 아동과 함께 어떻게 촉각적으로 상호작용하는가?
- 당신은 시각 정보의 투입을 바탕으로 하는 시각 자료나 활동(예: 책을 쳐다보기, 색칠하기, 모방하기)을 촉각 지원이 필요한 아동에게 어떻게 응용하는가?

3. 관 찰

1) 아동의 촉각 사용 관찰

아동의 촉각 경험과 요구에 대해 가족과 다른 서비스 제공자들과 논의하는 것에 덧붙여 정보를 수집하는 과정의 하나로서 아동의 일상생활 활동을 체계적으로 관찰하는 것이 중요하다. 장소, 사람, 자료, 활동과 같은 맥락을 알아보고 아동의 손, 얼굴, 신체 움직임을 주의 깊게 관찰한다. 가능하다면, 눈을 감고 손을 사용하여 아동의 팔과 손을 느껴 본다. 아동의 피부, 근긴장, 움직임을 인식할 수 있도록 한다.

표 3-3 ● 촉각 정보의 사용과 반응 관찰			
아동 이름		날짜	
나이		정보 제공자	
맥락(활동과 환경)		관찰자	

아동과 상호작용하는 사람들로부터 촉각 정보는 어떻게 제공되는가?	
아동이 사용하는 접촉의 형식(사회적, 능동적, 수동적)은 무엇인가?	
촉각 정보에 대한 아동의 반응은 어떠한가? • 인식/반사행동(예: 놀람, 신체의 움직임) • 주의/경계행동(예: 인상 찌푸리기, 미소, 조용히 있기, 물건이나 사람에게 손을 뻗기) • 변별과 인식행동(예: 친숙성 여부에 따라 물건이나 사람에 다르게 반응하기, 특정 물체에 대한 선호, 촉독수화) • 이해 행동(예: 촉독 수화, 물체나 접촉 단서에 대한 이해 보이기)	
기타 관찰 내용	

관찰은 또한 아동이 손을 어떻게 사용하는지, 어떤 목적으로 사용하는지 결정하는 데 유용하게 쓰일 수도 있다. 예를 들어, Miles(2002, 2003)는 농-맹 아동이 세 가지 다른 기능을 위해 손을 사용하는 것의 중요성을 강조하였다. 사회적, 물리적 환경과 상호작용하기 위한 '도구'로서의 기능, 정보를 수집하고 자기 자극을 위한 '감각 기관'으로서의 기능, 표현의사소통을 위한 '목소리'로서의 기능이다. 〈표 3-3〉은 아동이 사용하는 촉각적 정보가 어떻게 제공되고 촉각 접촉의 형태는 어떠한지, 촉각 정보에 대한 아동의 반응은 어떠한지에 대해 기록하는 양식을 개발하는 데 유용할 것이다.

2) 촉각적 환경의 관찰

아동의 물리적 및 사회적 환경을 세심히 관찰하여 아동이 사물을 탐색하고 다루고 조작해야 하며 다른 사람들과 신체적으로 상호작용해야 하는 기회를 확인한다. 다음의 질문들을 사정 과정의 지침으로 활용한다.

① 아동은 언제 어떻게 다른 사람들과 신체적 접촉(예: 휴식시간, 또래와 놀이)을 하게 되는가? 그러한 신체적 상호작용에 대해 아동은 어떻게 반응하는가?
② 아동은 언제 그리고 어떻게 물체를 찾고 조작하고 사용할 수 있는 기회를 갖는가?(예: 바다에 대해 배우는 동안, 조개를 살펴보았는가?)

③ 아동의 움직임과 촉각적 탐색을 촉진하기 위해 환경은 어떻게 조성되는가?(예: 특정 활동 영역이 있는 특별실이 있는가? 바닥은 정돈되어 있는가? 자료들은 아동이 항상 접근하고 사용할 수 있도록 배치되어 있는가?)

④ 아동의 탐색과 사물의 조작을 촉진하기 위해 어떤 지원과 조정이 필요한가?(예: 보조원이나 친구가 어떻게 물체를 아동의 손에 주는가? 물체는 미끄럽지 않은 표면, 높여진 작업대 또는 경사판에 놓여 있는가?)

4. 주요 활동 분석

1) 생태학적 사정

아동의 루틴이 확인되고, 일상적 활동에 대한 자연스런 환경에서의 관찰을 수행하고 아동이 수행해야 하는 핵심적 활동이 선정되고 나면, 그러한 활동들을 관찰하여 아동이 참여하는 방법과 이용 가능한 환경적 지원의 유형을 결정한다. 각 주요 활동에 대한 생태학적 목록(제2장과 예에 대한 다음의 논의 참조)은 활동의 단계를 분석하기 위해 필요한데(즉, 필수적이다), 각 단계에서 요구되는 특정 기술을 보다 쉽게 확인할 수 있기 때문이다. 이러한 기술을 확인하고 나면, 각 단계 활동마다 아동이 어떻게 참여하는지 조사하여 아동의 실제 수행과 교사의 기대 간의 차이를 밝힌다. 이들 불일치에 대한 가능한 원인을 확인

표 3-4 ● 찰흙놀이 행동의 생태학적 사정

확인된 단계	단계 별 필요 기술
1. 미술 테이블로 가기	• 교사의 지시를 듣고 이해하기 • 테이블 보기 • 테이블을 향해 움직이기 • 의자 찾아 앉기
2. 찰흙의 색 고르기	• 교사의 질문 듣고 이해하기: '어떤 색을 갖고 싶니?' • 선택할 색을 보고, 더 좋아하는 것 알기
3. 도구 선택하기	• 통 안의 선택할 수 있는 것들 살펴보기, 더 좋아하는 것 알기 • 도구 선택하기
4. 찰흙 놀이하기(뭉치기, 탕탕 치기, 찌르기)	• 손으로 찰흙 조작하기 • 도구 사용하기
5. 다른 사람에게 이야기하기	• 다른 사람이 말하는 것 듣기 • 말하기
6. 찰흙으로 만들기	• 교사의 요청을 듣고 이해하기 • 만들고 싶은 것을 생각하거나 다른 친구들의 모형을 보기
7. 찰흙을 공 모양으로 뭉치고 교사에게 건네주기	• 교사의 지시 듣고 이해하기: '청소 시간.' • 찰흙을 공 모양으로 만들기 • 교사의 요구에 반응하기: '내게 주세요.'
8. 도구를 안에 넣기	• 통의 위치 찾기 • 통 안에 도구 넣기
9. 세면대로 가서 손 씻기	• 교사의 지시 듣기: '손을 씻어요.' • 세면대를 보고 가기 • 수도꼭지를 틀고, 비누를 사용하고, 손을 씻고, 수도꼭지를 잠그고, 종이 타월을 뜯어, 손을 닦고, 종이 타월을 휴지통에 버리기

하기 위해 불일치 분석을 한다(예: 아동이 자료를 볼 수 없다, 물체를 잡을 수 없다, 또는 무엇을 해야 하는지 모른다.). 불일치의 이유는 중재의 초점이 된다. 촉각 모델링을 통해 어떻게 참여하고 활동의 각 단계에서 무엇을 해야 하는지 아동에게 보여 줄 필요가 있을 것이다. 아마 자료 또는 활동을 조정하는 것이 필요할 것이며, 그렇다면 아동은 활동에 참여하기 위하여 그러한 조정을 어떻게 사용하는지를 배울 필요가 있게 된다. 보조공학을 비롯한 모든 조정은 IFSP 또는 IEP에 기록해야 한다는 것을 유의하도록 한다.

아동에게 중요하다고 판단된 활동의 단계가 확인되고 나면, 각 단계에 필요한 특정 기술을 더 분석하여 그 단계를 아동이 성공적으로 완수하기 위해 필요한 것을 결정한다. 개별 아동의 강점과 기술은 어떤 중재 방법이 가장 효과적일지를 결정하게 된다. 〈표 3-4〉의 생태학적 사정(ecological assessments)은 찰흙 놀이와 관련한 취학 전 활동을 묘사한다. 이 예에서, 아동의 손은 놀이 찰흙을 조작하는 '도구'로, 자료의 위치를 찾고 다른 사람이 무엇을 하는지를 볼 수 있는 '눈'으로, 의사소통을 수용할 수 있는 '귀'로, 그리고 의사소통에서 표현하기 위한 '음성'으로서의 역할을 한다(Miles, 2003). 교사는 아동이 다양한 기능들을 위해 손을 사용하는 것을 촉진하기 위해 지원을 조정해야 한다.

선택된 활동의 일반적인 단계 계열을 결정하고, 각 단계에 필요한 특정 기술을 확인한 후에는 지원이 필요한 아동(예: 중도중

표 3-5 ● 놀이 찰흙 사용의 불일치 분석

확인된 단계	단계 별 필요 기술	아동의 수행	불일치의 근거
6. 찰흙으로 만들기	• 교사의 요청 듣고 이해하기 • 무엇을 만들지 생각하기 • 모형 보기	• 입안에 찰흙을 넣고 뱉음	• 교사의 말을 들을 수 없음 • 모형을 볼 수 없음 • 무엇을 하는지 알지 못함

복장애학생)이 선택된 활동을 하는 것을 관찰한다. 목적은 아동의 과제 수행을 더 어렵게 만들 수 있는 영역을 확인하고 이를 극복하고 아동의 참여와 접근을 증가시키는 방법을 결정하는 것이다. 예를 들어, 〈표 3-5〉에 나타낸 바와 같이 찰흙놀이 활동 6단계에서의 아동 수행을 기록하고 불일치를 설명한다.

찰흙놀이와 같은 예술 활동은 취학 전 농-맹 아동에게 적합한 활동이다. 그러나 활동에 참여하는 것은 아동이 할 수 없을 수도 있는 어떤 특정 기술이 요구되기도 한다. 예를 들어, 활동의 모든 단계는 다른 이들(교사 또는 또래 친구)의 말을 경청하는 능력이 요구된다. 이 아동은 중도의 청력손실이 있기 때문에, 아동의 듣기 능력을 개발하는 것에는 어려움이 따른다. 그래서 대안적인 기술을 지도하는 데 초점을 맞추어야 한다. 〈표 3-6〉은 아동이 찰흙으로 임의적인 모양을 만들어야 하는 6단계에 대한 일례를 보여 준다.

이러한 생태학적 사정의 유형은 아동이 현재 촉각 정보를 얻고 사용하는 방법에 대해 가능한 가장 정확한 정보를 이끌어

표 3-6 ● 불일치 분석과 참여 지원을 위한 촉각 중재 전략				
확인된 단계	단계 별 필요 기술	아동의 수행	불일치의 근거	촉각 중재
6. 찰흙으로 만들기	• 교사의 요 청을 듣고 이해하기 • 무엇을 만 들지 생각 하기 • 모형 보기	• 입안에 찰 흙을 넣고 뱉음	• 교사의 말 을 들을 수 없음 • 모형을 볼 수 없음 • 무엇을 하 는지 알지 못함	• 다른 활동을 장려하기 위 한 촉각 모델 링과 '손 아래 손 안내' 기법 의 사용(예를 들어, 가볍게 두드리거나, 굴리거나, 손 가락으로 찌 르거나 내려 치기) • 만들기 할 찰 흙 모형 제공 • 촉각 탐색을 촉진하기 위 해 아동의 손 바로 옆에 모 형 놓아 주기

내기 위해 많은 의미 있는 일상의 활동에서 실시되어야 한다. 생태학적 목록의 장점은 전형적인 활동 내에서 이루어지며 아동이 할 수 있는 것과 조정이 필요한 것 그리고 완전한 참여를 위한 지원이 무엇인지를 알게 해 준다는 것이다. 이러한 사정은 중요한 타인들에 의해 의미 있다고 확인된 환경에서 아동의 학습요구와 직접 연관이 있다. 때문에 사정 결과는 곧 바람직한 중재와 연결된다.

2) 역동적 사정

역동적 사정(dynamic assessment)에서(Snell, 2002) 평가자 또는 다른 성인은 아동의 참여를 강화하기 위해 아동의 반응을 촉진한다. 성인은 원하는 반응을 모델링할 수 있고 아동이 더 쉽게 과제를 수행할 수 있도록 신체적으로 지원할 수도, 조정 자료를 제공하거나 아동이 성공적으로 활동에 참여하는 것을 돕기 위해 지지적 피드백(supportive feedback)을 제공할 수도 있다. 예를 들어, 아동이 병뚜껑을 비틀어 열려고 하는 경우, 성인은 아동이 쉽게 열 수 있도록 뚜껑을 느슨하게 하여 도울 수 있다. 비록 아동이 스스로 뚜껑을 열지는 않았지만, 이러한 평가는 아동이 가장 성공적으로 수행하는 데 필요한 지원의 유형에 대한 상당한 정보를 제공한다. 정보는 도움 없이 아동이 할 수 있는 것으로 여겨지는 것뿐만 아니라 아동에게 가장 도움이 되는 지원의 종류에 대한 것이기도 하다. 그러한 정보는 효과적인 중재와 직접 연관된다.

찰흙놀이 활동의 예에서 평가자는 아동이 어떻게 반응하는가를 보기 위해 다양한 촉진을 시도할 수도 있다. 이러한 촉진은 구체화된 조건(조정)이 되어 다른 사람들이 지원 받은 아동의 반응을 보다 잘 이해할 수 있도록 문서화될 수 있다. 예를 들어, 만약 아동이 손가락을 벌리고 찰흙을 찌르거나 도구를 잡을 수 있는 손의 기능을 가지고 있지 못하다면, 평가자들은 도구를 아동의 손목에 고정시키는 찍찍이를 사용해서 찰흙을 찍을 수 있게 할 수 있다. 찰흙을 만지는 것을 좋아하지 않는 것처럼 보이는 아동도 이런 조정을 사용할 수 있다. 평가자는 촉각 모델링 방법으로 아동의 손을 평가자의 손 위에 얹고서 찰흙을 말고 찍는 방법을 보여 줄 수도 있다. 이 정보가 제공되면, 평가자는 도움을 중단하고 모델링의 성과로 아동이 무엇을 하는지를 관찰할 수 있다. 교육팀에게 가장 중요한 것은, 아동을 위해 만들어진 모든 조정이 필요한 지원을 제공할 수 있도록 문서화할 필요가 있다는 것이다.

3) 사정 정보 요약하기

많은 경우에, 모든 활동에서 아동을 평가하는 것이 가능하지 않을 수 있다. 따라서 가장 효율적인 방법으로 가장 적절한 정보를 수집하는 것이 도움이 된다. 이 경우에, 손을 사용하는 가장 중요한 활동을 확인하여 관찰하고, 분석을 위해 교육팀에게 이러한 정보를 건네주어 다른 활동을 위한 방향을 제시할 수 있도록 한다. 주로 시각(예: 색상)이나 청각(교사가 책 읽어 주는 것을 듣기)이 관여하는 활동들을 위해서는 아동이 촉각적 접근을 할 수 있도록 조정한다. 크레용과 종이를 사용해 색칠하는 것을 대신해서, 아동은 오돌토돌한 질감이 있는 판에 크레용을 문지르거나, 종이 위에 다른 질감물을 붙일 수 있고, 파이프 클리너를 사용해 모양을 만들 수도 있다. 이야기를 듣기만 하는 대신, 아동은 촉독 수화를 통해서 손으로 이야기를 들을 수 있고 또한 책에 나오는 물체 중 몇 가지를 살펴보고 조작해 보거나 적절하다면 이야기에 묘사되는 행동들을 극으로 연기해 볼 수도 있다. 만약 다른 사람이 사물을 조작하고 있다면 아동과의 촉각 대화에 참여할 수 있는 기회를 이용할 수 있을 것이다(즉, 함께 사물을 만지며, 사물에 대해 이야기하고, 느낌 또는 경험을 나누는 것이다).

서비스 제공자들 중 책임을 맡은 한 명은(예: 사례 관리자 또는 서비스 코디네이터 또는 시각장애 지도 자격이 있는 교사) 모아지고 요약된 사정 정보를 검토하여 팀 구성원 모두에게 전달할 필요가 있다. 이러한 요약은 잘 조직되고 명확하고 간결하게 작성되어 아동의 촉각적 요구에 대한 개요를 제공하는 한편 아동에게 효과적인 초기 전략을 제안할 수 있다.

4) 분석 완료하기

다음의 질문들은 가장 적절한 정보를 얻을 수 있도록 활동들의 분석을 안내할 뿐만 아니라 촉각 조정을 할 수 있도록 하는데 도움이 될 것이다(Downing & Chen, 2003).

- 이 활동의 목적 또는 목표는 무엇인가?
- 아동에게 어떻게 활동 전체를 위한 촉각 접근을 제공할 것인가?
- 활동의 어떤 측면이 촉각적인 지원이 필요한 아동들에게 의미 있는가?
- 자료들은 아동들에게 의미 있는 촉각 정보를 제공하기 위

해 조정되어질 수 있는가?

- 어떤 자료로 주요 개념을 전달할 것인가?
- 나는 선택된 자료들을 눈으로 보지 않고 촉각적으로 탐색해 보았는가?
- 선택된 자료를 어떻게 아동에게 제시할 것인가?
- 아동은 자료의 촉각적 탐색을 어떻게 하는가?
- 자료들을 다루고 탐색하기 위해 아동에게 도움이 되는 지원은 무엇인가?
- 어떤 언어 자극의 투입이 요구되는가?

〈표 3-7〉는 다음 단계를 설명하는 생태학적 사정의 요약된 예를 보여 준다.

표 3-7 ● 생태학적 사정의 예

아동: Stacey		날짜: ○○년 ○○월 ○○일		활동: 집에서 책 읽기
활동 단계	자연적인 단서와 기술들	아동 수행의 불일치 원인	조정, 전략, 지원	촉각 정보 접근을 위한 경험
읽을 책 가져 오기	• 읽을 책 • 읽고 싶은 요구 • 책이 있는 장소 알기	• 책을 볼 수 없거나 책의 위치를 알지 못함 • 제한적인 읽기 지식	• 부모나 형제(독서 파트너)는 아동이 책 표지의 재료를 탐색하여 선택을 나타낼 수 있도록 두 가지 다른 촉각 도서를 제시 • 독서 파트너는 책 한 권만 제시하고 선호를 표현하도록 아동에게 요청하기	• 책을 가져올 때 다른 사람의 손을 만지기 • 촉각 도서를 다루고 페이지를 넘기기, 페이지 위의 촉각 자료 만지기 • 책장을 찾고 책을 꺼내기 위해 보행기술(방향정위와 이동: O&M) 사용하기

계속 〉〉

읽을 장소 찾기	• 사용 가능한 곳 알기 • 앉기 편안한 장소 원하기	• 책 읽을 곳을 찾아볼 수 없음 • 혼자서 이동할 수 없음	• 독서 파트너는 아동이 책을 읽을 침대나 의자를 선택할 수 있도록 베개나 의자의 재료와 같은 재료의 일부를 아동에게 제시하기	• 독서 파트너를 따라 앉을 자리로 옮겨가기 위해 보행기술 사용하기 • 다른 편안한 장소에 앉기
책을 펴고 읽기	• 책의 철자와 그림 • 읽는 방법 알기	• 책에 대한 경험이 적음 • 인쇄된 글자나 그림을 볼 수 없음 • 책을 펼치기에 제한된 신체적 기술	• 독서 파트너는 아동이 바른 방향으로 책을 놓고 책의 촉각 자료들을 살펴보도록 독려하기 • 독서 파트너는 독서 토론을 위해 촉독 수화와 공동촉각주의를 이용하기	• 익숙한 가족 활동(예: 소풍)을 나타내는 촉각 자료가 철자 또는 점자와 함께 제시된 촉각 도서 '읽기' • 페이지 위의 각 자료를 만지고 점자를 만져 느껴 볼 수 있도록 독려하기 • 주요 단어들을 표현하기 위해 촉독 수화 사용하기
읽고 난 뒤 책 정리하기	• 책의 끝 • 과거의 경험을 토대로 책을 다시 갖다 놓아야 할 곳 알기	• 책을 정리하기엔 제한된 신체적 기술 • 책을 가져다 놓아야 할 장소를 알지 못함	• 마지막 페이지를 읽고 난 후, 독서 파트너는 필요한 경우 '손 아래 손 안내'를 사용해 아동이 책을 덮도록 독려: '끝'이라는 촉독 수화 • 독서 파트너는 아동이 스스로 책을 제자리에 정리하러 책장으로 가도록 독려 [스쳐가기(trailing) 또는 방 안의 지표 이용]	• 다 본 뒤 책을 덮고 책을 책장에 수납하기 위해 보행기술 사용하기

① 활동의 단계를 확인한다.

② 아동에게 필요한 자연적인 단서와 기술의 목록을 작성한다.

③ 활동에서 아동이 할 수 있는 것과 성인이 아동에게 기대하는 것 사이의 불일치 원인을 확인한다.

④ 선택한 활동에 참여하기 위한 기초로서 촉각 정보에 접근할 수 있도록 아동에게 제공해야 필수적인 경험을 고려한다.

⑤ 활동에서 아동의 참여를 촉진할 조정, 전략, 지원의 목록을 작성한다.

서비스 제공자는 이러한 유형의 생태학적 목록을 사용하여 지원이 필요한 개별 아동을 위해 촉각 전략의 사용과 조정 계획을 개발하여야 한다. 확인된 질문을 바탕으로, 〈표 3-7〉의 생태학적 목록은 책 읽기활동의 목적과 Stacey가 활동에 참여하는 데 필요한 촉각 조정과 지원을 명확히 한다. Stacey는 보거나 듣거나 읽을 수 없기 때문에 촉각 도서가 필요하다. 그녀는 주요 단어들을 나타내는 점자와 촉독 수화를 학습하는 한편, 촉각 자료들을 확인하고 만져 봄으로서 책 읽기를 학습할수 있다. Stacey가 '책'의 개념(즉, 책이 정보를 포함하고 있다는 것, 독자는 책장을 넘겨야 한다는 것, 첫 장부터 마지막 장까지 진행된다는 것)을 이해할 수 있도록 책을 읽는 절차가 유지되어야 한다. 각 책의 주제는 어떤 촉각적 항목들이 다양한 내용을 표현하기 위해 사용될 것인지 그리고 어떤 주요 단어들이 각 상징들의 의미를 설명하기 위하여 촉독 수화로 표현될 것인지를 결정한다.

자료를 만드는 어른은 Stacey를 위해 촉각적으로 가장 두드러진 자료의 사용을 확실하게 하기 위해 반드시 그 책을 촉각적으로 '읽어' 보아야 한다. Stacey가 선호하는 책을 결정할 수 있기 때문에, 엄마 또는 자매가 책 표지를 Stacey와 함께 촉각적으로 탐색하는 동안 촉각 자료들을 Stacey의 손 아래에 천천히 끼워 놓을 수 있다. 만일 Stacey가 각 페이지 위의 촉각 항목들을 곧바로 만져서 느끼지 않는다면, Stacey의 팔꿈치를 살짝 건드리거나, Stacey 손 옆에서 움직이는 엄마 또는 자매의 손을 느끼도록 촉진할 수도 있다. Stacey의 신체적 능력을 감안했을 때, 책을 잡고 페이지를 넘기며 각 페이지를 능동적으로 탐색하기 위해서는 '손 아래 손 지원'이 필요하다. 어떤 활동의 필요 단계에 대한 분석에 이은 여러 활동에서 Stacey의 기술에 대한 세심한 관찰은 능동적 참여 방법과 이를 위해 필요한 지원에 대한 상당한 정보를 제공할 것이다.

5. 사정에서 중재까지

1) 촉진의 위계

사정은 아동의 활동 참여를 지원하거나 과제를 완료하는 데 필요한 촉진의 유형과 강도에 대한 고려를 포함한다. 촉진(아동이 반응을 시작하도록 도와주는 행동)은 구어적 요청('앉아.'), 제스처(의자를 가리키기), 모델링(의자에 앉기), 신체적 지원(의자에 아동이 앉을 수 있도록 신체적으로 돕기)을 포함한다. 촉진은 개별적으로 사용하거나 결합되어(예: 구어와 신체적 지원 모두) 사용된다. '촉진의 위계'라는 용어는 최대-최소 지원 또는 최소-최대 지원과 같이 촉진의 체계적 사용 순서를 지칭한다.

예를 들어, 예상되는 것을 이해하는 방법과 사물을 다루고 조작하는 방법을 발달시키기 위해, 어떤 아동들은 시범을 보고 나서도 처음부터 '손 위 손 안내'가 필요할 수 있다. 그러나 가장 중요한 것은 촉진을 소거하는 것이다. 즉, 아동의 손목이나 팔꿈치에 하는 지원과 같은 낮은 수준의 촉진으로 바꾸어 가는 것이다. 그래서 가능한 한 빨리 아동이 능동적이고 더 활동적이 될 수 있도록 한다. 효과적인 촉진의 사용은 성공적인 중재와 교수의 핵심 중 하나이다.

2) 교수 전략

시각장애아동들은 사람과 사물과의 상호작용을 하는 '도구'로서뿐만 아니라 '눈'(정보 접근 수단)과 같은 역할을 하는 자신의 손을 제어할 수 있어야 한다. 일반적으로, 권장되는 방법은 아동을 가르치는 데 효과적인 촉진을 최소 한도로 사용하는 것이다(Westling & Fox, 2004). 아동의 참여를 유도하기 위해 신체적 촉진을 사용할 수 있는 방법을 고려하는 것도 중요하다. 예를 들어, 잔존시력이 있는 아동의 경우 성인은 아동이 컵을 내

밀 수 있도록 하기 위한 촉진으로써 아동에게 손을 대는 것보다 아동의 컵 위로 주스 병을 들고 있는 것이 좋다. 궁극적인 목표는 아동이 환경 안에서 자연적인 자극에 따라 아동이 원하는 행동에 참여하게 하는 것을 위하여 외부의 모든 교수적 촉진을 소거하는 것이다. 기대되는 어떤 행동을 하게 하려고 아동을 신체적으로 조작하는 것을 피하는 한 가지 방법은 필요한 지원의 최소량을 제공하고 나서 아동이 원하는 반응을 할 때까지 점차 필요에 따라 지원의 수준을 높여 가는 것이다.

맹 아동은 '보기' 위해 자신의 손을 사용하기 때문에 반드시 아동의 손을 존중하며 조심스럽게 대하여야 한다. 가능하면 아동의 손을 자주 만지는 것은 지양하는 것이 좋다. 또한, 반응하고 상호작용할 때까지 아동을 위해 충분한 시간을 주도록 한다.

일반적으로 활동은 의미 있는 환경 내에서 이루어져 아동의 학습과 이해가 시간, 활동에 사용되는 자료, 참여하는 사람 등과 같은 자연적 단서에 의해 지원되도록 해야 한다. 예를 들어, 식사도구 배치, 식탁 위의 음식 그리고 식탁에 앉기는 모두 식사를 위해 아동을 준비시키는 자연적인 단서다. 어떤 맹 아동은 이런 익숙한 환경 안에서 숟가락을 찾으려 할 것이지만, 다른 아동들은 숟가락의 위치에 대한 촉진이 필요할 수 있다. 숟가락을 쥐려는 아동의 손과 팔을 신체적으로 조작하는 대신에 다음과 같은 단계를 사용할 수 있다.

① 아동이 진동을 느낄 수 있도록(그리고 아마 소리도 듣고) 테

이불을 숟가락으로 가볍게 두드린다. 몇 초 동안 기다린다. 아동이 반응하지 않을 경우 2단계로 이동한다.

② 숟가락을 아동의 손에 살짝 닿도록 가깝게 두어 아동이 숟가락의 위치를 느낄 수 있게 한다. 몇 초 동안 기다린다. 아동이 반응하지 않는 경우 3단계로 이동한다.

③ 숟가락의 일부분을 아동의 손가락 아래로 밀어 넣는다. 아동이 그것에 숟가락과 그 위의 당신의 손을 느낄 때까지 기다린다. 몇 초 동안 기다린다. 아동이 숟가락을 잡지 않을 경우 4단계로 이동한다.

④ 아동의 손 아래로 숟가락을 더 밀어 넣어, 아동이 손바닥으로 숟가락을 누르고, 숟가락을 쥐도록 촉진하기 위해 아동의 손목을 들어 올린다.

이 전략은 아동을 활동에 참여시키기 위해 최소한의 지원을 시작으로 점차 지원의 양을 늘려가는 '최소-최대 촉진'의 예를 보여 준다. 지원의 크기나 촉진의 수준은 아동의 반응에 달려있다. 앞의 예에서 볼 수 있듯이, 기대되는 바를 아동이 이해하고 그에 따라 반응할 수 있도록 촉진 간에 시간 간격을 둔다. 만일 아동이 활동에서 손을 자유롭게 뗄 수 있다면 아동이 참여를 거부할 이유가 별로 없다.

많은 중도장애아동이 활동에 참여하기 위해 촉진에 의지해서 학습해 왔다. 이들은 기대 행동을 시작하기 전에 언어적 지시나 신체적 단서를 기다리고 있을 수 있다. 예를 들어, 아동이 싱크대에 있을 때, 수도꼭지를 돌리기 전에 손목을 가볍게 두드려 주기(신체적 촉진)를 기다릴 수 있다. 어떤 경우에는, 아동이 손을 씻는 순서나 방법의 일부로 신체적 촉진을 잘못 인식할 수도 있다. 이러한 혼란을 피하기 위해, 높은 수준의 지원을 제공하는 대신 최소 촉진 또는 최소 지원으로 시작해서 필요한 경우 점차 그 수준과 양을 늘려가도록 한다. 다음 두 활동의 예(장난감과 점심 먹기 선택하기)는 아동의 참여와 수행을 용이하게 하는 촉진들과 지도 전략들의 유형을 확인하기 위한 틀을 제시한다.

활동 예 I : 장난감 중에서 한 가지 선택하기

활동을 위해 다음과 같은 사전 정보가 고려되어야 한다.

① 장난감에 대한 선호
② 제공된 장난감의 친숙도
③ 원하는 장난감으로 놀이할 수 있는 신체적 능력
④ 장난감의 위치에 대한 지식

〈표 3-8〉은 최소-최대 지원의 여러 가지 예를 보여 주는데, '자연적 단서'(즉, 별도의 지도 없이 자연적으로 발생하는)로 시작하여 '신체적 안내'(즉, 최대 지원)로 끝내는 것이다. 시각과 청각 단서의 예도 포함되었는데 잔존 시력 또는 청력이 있는 아동들에게 유용한 촉진 유형이기 때문이다. 서비스 제공자와 가

표 3-8 ● 선택하기를 가르치는 최소-최대 촉진의 위계	
촉진의 유형	예
자연스러운 단서	일과 중의 시간 장난감
구어적 단서	"둘 중에 어떤 것을 가지고 싶나요?"하고 묻기(말과 촉독 수화) "하나를 집어 보세요." 말하기
소리 단서	소리가 나는 장난감을 누르거나 꽉 쥐기
시각 단서	각각의 장난감을 잡거나 가리키기
촉각 모델링	선택을 하고 있는 다른 아동의 손을 만져서 느낄 수 있게 해주기
촉각적 촉진	아동의 손에 장난감 대어 주기
신체적 촉진	아동의 팔꿈치를 가볍게 두드리기 아동의 손목을 만지기 아동의 손등을 가볍게 두드리기
신체적 안내	아동이 각각의 장난감을 다루도록 하기 위해 아동의 손목을 잡고 안내하기

족 구성원들은 현재 아동의 참여를 용이하게 하기 위해 필요한 촉진의 구체적 수준을 확인한 다음에 사용하게 될 촉진의 한 유형을 선택하는데 가능하면 지원이 상대적으로 적을수록 좋다. 예를 들어, 아동이 신체적 촉진(예: 팔꿈치 건드리기)을 받았을 때 장난감에 다가갈 수 있다면, 덜 간섭적인 촉진(예: 아동의 선택 결정을 촉진하기 위해 아동의 손에 장난감을 대어 주기)이 다음엔 사용되어야 한다.

아동이 원하는 항목에 대한 선택을 명확하게 표시하지 않는 것을 알았을 때 아동이 선택을 표시하는 방법을 배울 수 있도록 체계적인 교수 계열이 시행되어야 한다. 아동이 가장 좋아하고 매우 선호하는 항목(장난감, 음식, 재료)과 활동뿐만 아니라 싫어하는 것들까지 확인하는 것이 중요하다. 다음은 장난감 중에 하나를 선택하게 하기 위한 교수 계열의 한 예다.

① 아동에게 좋아하는 장난감이나 활동을 나타내는 사물 하나를 제공한다. 아동은 사물을 집어 들거나 집지 않음으로써 선택을 나타낸다.
② 아동에게 두 가지 장난감이나 활동 중 하나를 선택할 기회를 제공한다(하나는 선호하는 것이고 다른 하나는 싫어하는

표 3-9 ● 최소–최대 지원의 예

촉진	예
1. 구어	"무엇을 하고 싶나요?"
2. 구어 + 시각이나 청각 단서	"무엇을 하고 싶나요?" + 탁자 위의 장난감 두드리기(아동이 들을 수 있는 경우) 또는 장난감을 집어 들기(아동이 볼 수 있는 경우)
3. 구어 + 촉각적 촉진	"무엇을 하고 싶나요?" + 아동의 손에 장난감을 대어 주기
4. 구어 + 촉각적 촉진 + 청각 단서나 시각 단서	"무엇을 하고 싶나요?" + 아동의 손에 장난감을 대어 주기 + 탁자 위의 장난감 두드리기(아동이 들을 수 있는 경우) 또는 장난감을 집어 들기(아동이 볼 수 있는 경우)
5. 구어 + 촉각적 촉진 + 신체적 촉진	"무엇을 하고 싶나요?" + 아동의 손에 장난감을 대어 주기 + 아동의 손등 두드리기
6. 구어 + 촉각적 촉진 + 신체적 안내	"무엇을 하고 싶나요?" + 아동의 손에 장난감을 대어 주기 + 장난감을 다룰 수 있도록 아동의 손목을 잡고 안내하기

것). 아동은 싫어하는 것보다 선호하는 항목을 선택하게
될 가능성이 높다. 유사한 교수 전략은 아동에게 목표나
또는 원하는 항목(예: 장난감이나 활동을 나타내는 것)과 '알
루미늄 호일(의미 없는 항목)'을 제공하는 것이다. 아동이
항목을 골라 선택하기를 나타낼 수 있다는 것을 이해하게
되었을 때, 선택 항목의 수를 늘린다. 같은 선호도를 보이
는 두 가지 장난감이나 활동의 선택을 제공한다.

아동이 원하는 장난감을 선택하는 것을 촉진하기 위해 지원
의 수준이 점차 증가하는 최소-최대 지원의 예(〈표 3-9〉)를 필
요한 경우 참고한다. 아동의 참여를 도울 수 있는 촉진의 유형
과 횟수는 개별 아동마다 고려해야 한다. 아동이 상호작용을
혼란스러워한다면 촉진이 많을수록 더 좋지 않다. 자칫 촉진에
의존적이 될 수 있기 때문이다. 전반적인 목적은 상호작용과
시작행동을 지원하고 외부 촉진에 대한 아동의 의존을 감소시
키거나 방지하는 것이다. 매번 다음 촉진을 제공하기 전에, 아
동의 능력과 요구에 따라 지정된 '대기 시간(5~20초)'을 제공
한다. 아동의 반응을 기다리는 동안 지나친 촉진을 피하는 것
이 필수적이다.

활동 예 II: 점심 먹기

활동을 위해 다음 선행 기술을 고려해야 한다.

표 3-10 ● 아동이 점심식사 장소로 이동하게 돕는 최소-최대 촉
진의 위계

촉진	예
자연적 단서	일과 중의 시간 음식 냄새 점심 테이블에서 들려오는 다른 아동들의 소리 배고픔
구어 단서	'점심시간' (말과 촉독 수화)
청각 단서	식탁 두드리기
시각 단서	식탁 옆에 서서 아동에게 "오세요."라는 제스처하기
촉각적 촉진	아동에게 점심식사를 나타내는 사물 주기
신체적 촉진	뒤에서 아동의 어깨에 손을 대고 조심스럽게 앞으로 밀기
신체적 안내	아동에게 당신의 팔을 잡게 하여 테이블까지 표준적인 안내법으로 안내하기

- 매일의 루틴과 점심시간에 대한 친숙성
- 점심을 먹고 싶은 마음
- 점심식사 테이블의 위치에 대한 지식
- 혼자 걸을 수 있는 능력

아동이 보행을 할 수 없는 경우, 테이블까지 걷는 것을 기대
하지 않을 것이다. 그러나 아동이 식탁에 앉았을 때, 숟가락을
들어 점심을 먹는 시간이라는 것을 이해하는 것은 기대 행동이
될 수 있다. 〈표 3-10〉은 이 상황에 적절한 여러 촉진 유형의
예를 보여 준다. 서비스 제공자들과 가족 구성원들은 아동의
참여를 촉진하는 촉진의 구체적 수준을 확인하고 아동이 점심

식사 테이블로 이동할 것을 도와줄 촉진 유형 한 가지를 선택해야 한다. 최소한의 지원으로 아동의 반응을 이끌어내는 촉진의 유형을 결정하는 것이 중요하다.

예를 들어, 아동이 사물 단서를 인지하고 점심식사를 위해 식탁으로 이동해 간다면 그다음의 더 많은 지원(예: 아동을 테이블에 가도록 신체적으로 안내하기)은 사용하지 않는다. 만일 아동이 사물 단서를 잡고 테이블 쪽으로 이동해 가지만 의자에 앉기 전에 주의가 산만해진다면 이때에는 청각 단서(테이블을 두드려 소리내기 등)나 구어 단서('점심시간'이라고 말하며 수화를 동시에 하기)를 제공한다.

다음은 점심식사 시작하기를 위한 교수 계열의 한 예다. 아동의 성공을 돕기 위해 필요하다면 아동과 테이블 간의 거리를 늘리고 교수적 촉진 수준을 수정하도록 한다.

① 점심 테이블 바로 옆에 아동을 서게 한 후 시작하여 의자에 바로 앉기만 해도 되게 한다. 아동이 '점심시간'이라는 말을 들을 때 식탁과 의자는 자연적 단서의 역할을 한다.

② 아동이 '점심시간'이란 말을 들을 때 점심 테이블을 찾기 위해 아동이 몇 걸음 더 걷게 하기 위해 거리를 증가시킨다.

③ 필요한 경우, 점심 테이블에서부터 아동의 거리를 늘리고 촉진의 수준을 증가시킨다(예: 촉각적 촉진으로서 사물 단서를 제공한다.).

④ 점심식사 직전에 일어나는 활동의 마지막에 필요한 경우

촉진(예: 촉각적 촉진으로써 사물 단서에 사람 안내를 더 한다.)
을 제공한다.

6. 요 약

생태학적 목록은 일상생활 동안에 아동에게 필요한 기술, 조정, 지원을 서비스 제공자가 확인할 수 있게 한다. 생태학적 목록은 아동이 참여하는 모든 환경(예: 가정, 학교, 지역사회)과 활동에서 실시될 수 있다. 하지만 시간과 노력의 한계를 감안해서 아동이 가장 자주 참여하고 가장 어려워하는 활동에 집중하는 것이 아주 중요하다. 촉진의 선택, 사용 그리고 소거는 아동이 매일마다의 활동에 적극적으로 참여할 수 있도록 하는 필수적인 교수적 지원이다. 이러한 절차들은 아동의 학교와 의사소통을 위해 반복적이고 의미 있는 기회로서 조직될 수 있다.

이 장에서는 촉각 투입 정보의 접근과 활용 방법에 관한 중요한 정보를 얻기 위한 전략을 제시하고 주요 타인과의 인터뷰 및 자연스러운 환경 내에서의 체계적 관찰을 포함한 사정방법을 설명하였다. 촉감각에 관한 적절한 정보를 수집하는 것은 효과적인 중재를 지원한다. 그래서 이 장에서는 개별화되고 체계적인 사정 그리고 적절하고 의미 있는 중재 사이의 관계를 설명하였다. 사정 자료에 근거한 구체적 전략은 다음 장에서 논의한다.

제4장 촉각 전략

제4장
촉각 전략

이 장에서는 시각중복장애아동들이 의사소통, 학습, 그리고 그들을 둘러싼 세계에 대한 정보를 얻을 수 있도록 지원하기 위해 선택한 촉각 상호작용 전략을 설명한다. 특히 공동촉각주의, 촉각 모델링, '손 아래 손 안내', '손 위 손 안내'에 초점을 맞출 것이다. 이러한 전략은 상호작용하는 동안이나 대화의 맥락 내에서 아동의 학습과 보완 의사소통 요구에 맞게 구현되어야 한다. 그리고 촉각 전략을 사용할 때 권장되는 방법은 아동의 능력과 나이에 맞는 자연스러운 방법으로 아동에게 말을 하는 것이다.

이 책에서 촉각 전략(tactile strategies)은 정보에 대한 아동의 이해를 돕고 상호작용과 의사소통을 촉진하기 위해 촉각을 사용하는 계획적이고 체계적인 방법으로 정의된다. 전략은 특정 목표 또는 결과를 얻기 위한 계획, 접근, 방법, 또는 절차이고, 촉각은 접촉 감각과 관련되어 있는 것을 의미한다. 그러므로 촉각 전략은 응용된 의사소통 방법을 포함하여 접촉이 관여되는 상호작용을 사용하여 아동을 참여하게 하는 방법이라고 할 수 있다. 이러한 전략들은 활동 공유를 촉진하고 시각적 주의가 제한되고 의사소통에 어려움이 있는 다양한 장애를 가진 많은 아동에게 도움이 된다. 촉각 전략을 포함한 교수법들은 시각 정보를 접하기에 충분히 명확하게 볼 수 없고 말을 이해하거나 들을 수 없는 아동을 위해 필수적이다. 이러한 전략들은 아동의 학습과 이해를 지원하기 위해, 필요하다면 항상 시각 및 청각 정보와 함께 사용되어야 한다. 중도의 시각장애가 있는 가진 아동에게 촉각 전략을 제공하고 촉각 전략을 사용할 때 아동의 관점(즉, 아동이 경험하게 될 것에 대한 생각)을 취해야 하는 것을 명심하도록 한다.

대부분의 가족 구성원 및 서비스 제공자들의 경우, 촉각 전략보다는 시각적 또는 청각적 전략을 사용하는 것이 더 자연스럽다. 시각 또는 청각적 수단에 의존하는 이러한 경향은 시각장애아동과의 상호작용에서 관찰되어 왔다(Barraga & Erin, 1992). 중복장애를 가진 아동들에게 촉각 전략을 효과적으로 사용하기 위해서는 주의 깊은 관찰과 많은 노력 그리고 체계적인 연습이 필요하다. 이 장에서는 서비스 제공자와 가족 구성원이 선택된 전략의 사용을 연습할 수 있도록 가상체험활동을 제공한다.

1. 구체적인 전략 선택

  가족 구성원 및 서비스 제공자는 구체적인 전략을 신중히 선택하고(제7장 참조) 일관성 있게 사용하며 아동의 상호작용과 학습지원효과를 평가하는 데 협력해야 한다. 촉각 전략들은 저마다 장점과 단점이 있는데, 이들 장단점은 개별 아동의 요구와 능력 및 특정 상황의 관계에서 고려해야 한다. 어떤 특정 전략은 일시적으로는 가장 효과적일 수 있지만 나중에는 효과가 작을 수 있다. 손 씻기를 그림으로 보여 주는 것([그림 4-1]~[그림 4-6])과 같이 대부분의 일상생활 활동은 한 가지 이상의 촉각 전략을 포함하고 있다. '손 위 손 안내', '손 아래 손 안내', 신체적 촉진, 촉각 모델링 전략들이 이 장에서 논의될 것이다. 다음 질문은 촉각 전략의 선택과 사용을 안내하는 데 사용될 수 있다.

① 가족 구성원, 서비스 제공자 그리고 또래 친구는 촉각 전략의 선택에 기여했습니까?
② 선택한 전략은 아동의 능력과 선호, 요구에 적합합니까?
③ 선택된 전략은 아동과 긍정적이고 존중하는 상호작용을 촉진합니까?
④ 모든 의사소통 상대는 선택된 전략을 일관성 있게 사용합니까?

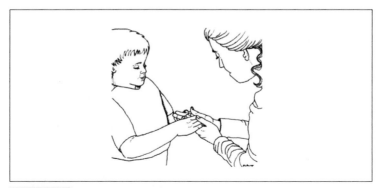

그림 4-1 '씻기'를 표현하는 촉독 수화

그림 4-2 비누를 잡기 위해 '손 위 손 안내' 기법 사용

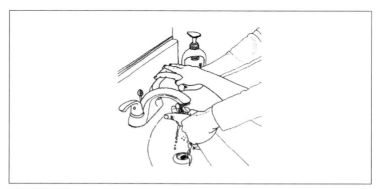

그림 4-3 수돗물을 나오게 하기 위해 '손 아래 손 안내' 사용

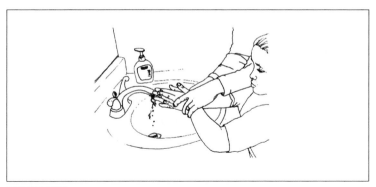

그림 4-4 손을 씻기 위해 손목에 신체적 촉진

그림 4-5 손 씻기 촉각 모델링

그림 4-6 손을 말리기 위해 '손 아래 손 안내' 사용

2. 공동촉각주의

정상 시력을 가진 아동들은 어릴 때부터 다른 사람들이 자신을 쳐다 볼 때를 알고 다른 사람들이 보는 곳을 보며 사물에 대한 공동의 시각적 주의집중에 참여한다(즉, 다른 사람이 보는 물체를 보고, 그 사람을 봄). 심한 시력 손상을 입은 아동은 자신이 하는 것에 다른 사람이 흥미를 보이는 것을 알 수 있는 기회, 다른 사람이 보는 것이 무엇인지 알 수 있는 기회, 공동촉각주의를 통해 공동주의에 참여할 수 있는 기회를 가져야 한다(Miles, 2002). 사람들 대부분에게 시각장애아동과 공동촉각주의에 참여하는 것은 주의 깊고 신중한 실행과 계획이 필요하다. 이 전략에서, 성인이나 또래 친구의 두 손은 아동의 손 바로 옆에 두고 함께 사물을 만지고 서로의 손을 만지며 눈 마주치기와 공동주의를 통해 시각적으로 전달하는 것을(함께 사물을 보기) 촉각적으로 전달한다.

공동촉각주의는 민감하고 비통제적인 상호 접촉을 통한 공동주의와 상호작용, 활동, 또는 사물의 공유가 관계된다. [그림 4-7]에서와 같이 성인은 아동이 무엇을 하고 있는지에(예: 찰흙놀이) 초점을 맞춤으로써 아동이 이끄는 대로 공동의 촉각 주의집중을 사용한다. 이러한 방식은 아동과 의사소통 상대 사이에 호혜적 의사소통 수단을 제공하고, 아동이 사회적 상호작용에 참여하도록 격려한다.

공동촉각주의는 공동주의를 형성하고 관계를 발전시키며, 신뢰를 구축하고 의사소통을 촉진하기 위한 출발점이다. 또한 중도의 시각장애를 수반하거나 말을 이해하지 못하거나 시각적으로 공동주의에 참여하지 못하는 아동에게 도움이 된다. 예를 들어, 초등학교 1학년 학급의 교사는 바다에 대해 공부하며 커다란 조개껍질을 소개하고 조개껍질의 여러 부분, 무늬 등의 복잡함을 탐색하게 하기 위해 아동들이 조개껍질의 둘레를 만지거나 손에 쥐어 보게 한다. 시각장애아동은 조개껍질을 만지고, 조작하고, 탐색하며 다른 사람이 조개껍질을 만지고 있다는 것도 함께 느낀다(그림 4-8 참조). 이러한 방식으로, 아동은 다른 사람의 관심이 조개껍질에 있음을 알고 있고, 손 움직임과 촉각 정보를 통해 대화에 참여할 수 있다. 공동촉각주의를 통한 대화는 다음과 같을 수 있다. "정말 멋진 조개껍질이야." "그래, 난 여기 딱딱한 부분이 멋있는 것 같아. 넌 어때?"

공동촉각주의를 사용하는 동안 중복장애아동의 행동에 주의

그림 4-7 공동촉각주의:
놀이 찰흙 굴리기

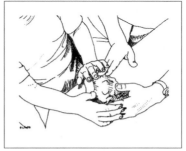

그림 4-8 공동촉각주의:
조개껍질 조사하기

집중하는 것은 대화 상대자에게 아동의 의사소통 행동을 주의 깊게 관찰하고 반응할 수 있는 기회를 제공하여 준다. 공동의 촉각 상호작용은 요구하기나 코멘트하기와 같은 다양한 의사소통 기능의 역할을 할 수 있다. 처음에 아동은 다른 사람이 자신의 활동에 참여하는 이유를 이해하지 못할 수도 있다. 아동은 공동촉각주의를 설정하려는 다른 사람의 시도를 심지어 거부할 수도 있다. 대화 상대자는 부드럽고 조용하고 정중한 방법으로 아동의 활동에 참여하고 촉각 접촉과 언어를 통해 자신의 관심을 전달해야 한다. 적절한 비언어적이고 상징적인 의사소통 투입 자극과 함께 공동의 촉각 경험에 참여할 기회를 반복하는 것은 아동이 공유 경험과 전달된 메시지를 이해하는 데 도움이 될 것이다. 〈표 4-1〉은 공동촉각 상호작용의 사용과 이것이 충족시키는 의사소통적 기능을 설명한다.

표 4-1 ● 공동촉각 상호작용과 그 기능

상호작용	기능
Tommy(1세)는 자신의 손을 가지고 놀이를 한다. 어머니가 부드럽게 Tommy의 손 등 위에 자기의 손가락을 올려놓고 Tommy의 촉각 접촉 리듬을 촉각으로 모방하여 "손을 가지고 놀고 있구나."라는 것을 의사소통한다.	코멘트
Juan(2세)은 모빌에 달린 종을 당기고 있다. 누나가 "함께 놀자."라는 의사소통으로 Juan의 손가락과 종을 만진다. 서로 번갈아 가며 종을 당긴다.	초대나 요구하기
Joanna(3세)는 욕조에서 물을 튀기고 있다. "우리 물을 튀겨 볼까? 재미있지?"라는 의사소통으로서 아버지는 딸의 손 아래에 자신의 손가락을 넣어 함께 가볍게 물을 튀긴다.	코멘트

Derek(5세)는 드럼을 두드리고 있다. "재미있겠다. 나도 해도 돼?"라는 의사소통으로서 한 친구가 자신의 손을 Derek의 손 바로 옆에 놓아서 드럼을 함께 만지고 두드린다.	허락을 얻기 위한 요청
Alexis(7세)가 식기세척기의 진동을 느끼고 있다. 어머니가 자신의 손을 아들의 손 바로 옆에 놓고 함께 만지며, "식기세척기가 돌아가는구나."라는 의사소통을 한다.	코멘트
Francisco(10세)는 큰 종이 가면을 만지고 있다. 선생님은 "와우, 나도 이 가면을 살펴봐도 되겠니?"라는 의사소통으로, Francisco의 손 바로 아래에 두 손가락을 넣고 가면을 만져본다.	허락을 얻기 위한 요청
Mai Ling(12세)이 강아지를 쓰다듬고 있다. 오빠가 여동생의 손 바로 옆에 자기의 손을 놓고, "Archie는 착해."라는 의사소통으로 강아지를 토닥거린다.	코멘트

1) 실제를 위한 제언

공동촉각주의는 의사소통 상대자로 하여금 아동이 하고 있는 것에 대한 관심을 아동이 지각할 수 있는 방식으로 보여 줄 수 있게 한다. 예를 들면, 맹 아동은 다른 사람이 무언가하고 있는 자기를 쳐다보고 있다는 것을 이해하게 된다. 공동촉각주의는 부가적인 행동이나 사물을 포함함으로써 아동의 활동참여 수준을 확장하는 데 사용할 수 있다. 예를 들어, 조개껍질의 가장자리를 두드리며 조개껍질을 탐색하던 아동은 의사소통 상대의 손 움직임을 모방할 때 조개껍질을 문지르기 시작할 수 있을 것이다. 우선, 의사소통 상대는 아동이 조개껍질을 두드리는 행동을 따라한다. 점차, 의사소통 상대는 자신의 손가락으로 조개껍질의 가장자리를 문지르기 시작해서 아동에게 조개껍질을 탐색하는 다른 방법을 보여 준다.

　서비스 제공자는 공동촉각주의의 목적과 이것이 가지는 시각
중복장애아동을 위한 잠재적인 이익에 대해 논의할 필요가 있
다. 어떤 가족 구성원이나 의사소통 상대자들은 맹 아동과의 공
동촉각주의에 참여하기를 꺼려할 수도 있다. 그들은 아동의 놀
이를 방해하거나 아동을 화나게 할까 두려워서 아동의 손에 접
촉하는 것을 망설일 수 있다. 또 어떤 의사소통 상대는 공동촉
각주의를 얻기 위해 다른 사람의 손 또는 아동의 신체 일부를
접촉하는 것이 편하지 않을 수 있다. 공동촉각접촉은 아동을 존
중하고 아동이 하고 있는 것에 대한 관심의 메시지를 전달하는
것이라는 것을 유의해야 한다. 공동촉각주의는 아동을 놀라게
하거나 아동을 혼란스럽게 하거나 또는 활동에 집중하지 못하
게 하는 것을 방지하기 위해 세심하게 형성되어야 한다.

　　의사소통 상대자가 잠시 멈추고, 아동의 다음 접촉이나
　움직임을 알아차린 후 자신의 촉각 접촉을 이용해 반응 또
　는 코멘트를 한다면 촉각 접촉을 이용한 이러한 코멘트들
　각각은 촉각 대화로 이어질 수 있다. 공동촉각주의를 통한
　촉각 대화가 개별아동의 흥미에 맞추고 조심스럽게 사용된
　다면 즐겁고 자연스러워질 것이다.　　　　　　　－ B. Miles

2) 시작하기

현재, 공동촉각주의는 아마도 중도중복장애를 가진 아동들과의 상호작용을 위해 다른 접근 방식을 필요로 하기 때문인지 흔히 사용되는 전략은 아니다. 공동촉각주의에서 대화 상대자는 아동이 하는 것을 주의 깊게 관찰하고 조심스럽게 아동의 활동에 참여 즉, 아동의 리드를 따라야 한다. 일반적으로, 성인은 기대하는 바를 중복장애아동이 할 수 있도록 촉진하기 위해 '손 위 손 안내' 또는 신체적 지원을 사용하는 경향이 있다. 공동촉각주의는 아동의 사회적 상호작용 지원의 효과를 평가하기 위해 시각중복장애아동들에게 더 자주 그리고 더 일관되게 사용될 필요가 있다.

공동촉각접촉을 시작하고 이를 통해 긍정적인 경험을 할 수 있도록 하는 방법은 다음과 같다.

- 공동촉각주의에 아동을 참여시킬 수 있는 기회를 확인하기 위해 아동의 행동을 주의 깊게 관찰하는 것으로 시작한다. 아동이 자신의 손으로 하는 것이 무엇인지 그리고 조작하는 사물을 살펴본다. 예를 들어, 아동이 드럼을 툭툭 치면 아마 당신은 이 행동에 참여할 수 있을 것이다.
- 아동의 행동이나 움직임을 방해하지 않고 아동의 근처에 손을 놓는 방법을 결정한다. 아동에 대한 당신의 지식을 활용해서 아동이 자신의 손 옆에 당신의 손이나 손가락을 놓

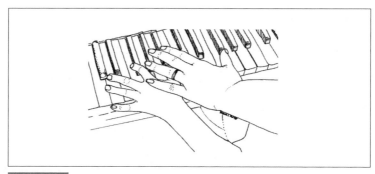

그림 4-9 공동촉각주의: 피아노 연주하기

아도 이를 받아들이고 활동을 계속 할지의 여부를 추정한
다(예: 아동이 하는 것처럼 당신이 똑같이 드럼을 두드릴 때 아
동이 드럼 치기를 계속하는지의 여부).

• 아동이 선호하고 아동을 가장 적게 방해하는 촉각 접촉의
유형을 사용한다. 예를 들어, 아동이 피아노를 좋아하고
자신의 손 위 일부에 다른 사람의 손가락이 닿아도 개의치
않는다면 아동이 피아노를 칠 때, 건반 위에서 당신의 손
가락을 아동의 손과 닿도록 하여 아동의 손가락 움직임을
모방한다([그림 4-9] 참조). 이 의사소통의 의도는 "나는 네
가 피아노를 치는 걸 듣고 있어." "나는 네가 피아노 연주
하는 게 좋아."라고 할 수 있다.

• 아동이 좋아하고 조작하고 있는 사물을 촉각 접촉한다. 마
치 "네가 무얼 하는지 보고 있어. 같이 할까?"라고 말하는
것처럼 아동의 손가락 옆이나 아래로 당신의 손가락을 슬
며시 놓아 둔다.

- 만일 당신이 아동의 손을 접촉했을 때 아동이 사물과의 상호작용을 중지하면, 아동은 아마도 "나는 당신과 함께 놀고 싶지 않아요."라고 의사소통하는 것일 수 있다. 아동의 의사소통을 존중하고 "그래, 그럼 다음에 같이 놀자."라고 말하는 것처럼 당신의 손을 치운다.
- 아동이 당신의 상호작용을 허용하고 함께 활동을 하게 되면, 약간의 변화를 준다. 예를 들어, 아동과 함께 찰흙놀이를 하며 당신의 손가락으로 찰흙을 찌르면, 당신의 손을 아동의 손 바로 옆에 두어 서로 닿게 하면서 찰흙을 굴려 '뱀'을 만들기 시작한다. 그러나 당신이 하는 것처럼 아동이 할 것을 강요하지 않는다.
- 아동의 반응에 주목하고, 주저하거나 거부하고 싫어하는 아동의 신호에 반응한다. 접촉 단서의 선택과 사용처럼, 많은 요인이(예: 연령, 신체, 인지 능력, 가족 문화, 경험) 공동촉각주의 참여 유도에 대한 아동의 반응에 영향을 미칠 것이다.
- 항상 인내하고 온화해야 한다는 것을 기억한다. 당신이 아동과 함께 사물이나 자료를 만지는 것을 아동이 느낄 수 있도록 해야 한다. 새로운 행동이나 사물을 이용하여 촉각 대화를 확장하기 전에 아동의 흥미(움직임이나 행동)에 따라 시작하고, 아동의 주의와 상태에 맞춰 속도를 조절한다. 아동의 관점을 경험할 수 있는 기회는 서비스 제공자, 가족 구성원 그리고 또래 친구들이 시각장애아동과 촉각 접

촉을 통해 상호작용하는 것을 배울 때 도움이 된다. 공동촉
각주의 경험 방법에 대한 더 자세한 사항은 이 장의 마지막
에 나오는 '가상체험활동 1'을 참고한다.

3. 촉각 모델링

정상 시력을 가진 아동들은 다른 사람을 보면서 배울 수 있지
만, 시각 기능이 없는 아동은 행동에 관계되는 신체나 사물의
부분을 접촉하여 다른 사람의 행동을 느껴 볼 기회가 자주 필
요하다. 촉각 모델링(tactile modeling)은 촉각 접촉을 통해 아동
에게 행동이나 활동을 시연하고 가르치는 것이다. 이러한 방식
으로, 아동은 다른 사람이 하는 것을 느끼고(눈으로 보기 보다
는) 그래서 촉각 모델을 통해 배운다. 손은 한 번에 사물이나 활
동의 작은 부분만을 느낄 수 있기 때문에, 아동은 모델의 다양
한 측면을 인식하고 특정 사물, 행동, 또는 개념에 대한 이해를
통합하기 위해 충분한 시간이 필요하다. 아동은 행동이나 움직
임을 이해하고 모방할 수 있도록 모델에 반복적으로 접근할 필
요가 있다. 예를 들어, 부모나 다른 보호자가 샌드위치를 만드
는 동안 아동은 자신의 손을 그 사람의 손 위에 올려둘 수 있
다. 이 작업은 여러 단계를 수행해야 한다. 커팅 보드 위에 빵
올려놓기, 식빵 한 조각에는 땅콩 버터를 다른 한 조각에는 젤
리를 퍼 바르기, 조각을 겹쳐 놓기, 샌드위치를 반으로 자르기.

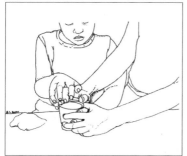

그림 4-10 촉각 모델링:
병뚜껑 열기

그림 4-11 촉각 모델링:
빵에 땅콩 버터 바르기

그래서 아동은 어느 한 시점에서 촉각 모델의 제한된 일부분만
을 인식할 수 있다. 아동이 땅콩 버터와 젤리 샌드위치를 만드
는 방법을 이해하기 위해서는 이 활동의 촉각 모델링에 접근
할 수 있는 반복적인 기회가 필수적이다. [그림 4-10]은 뚜껑을
여는 방법을 아동에게 가르치는 촉각 모델링을 보여 주고, [그
림 4-11]은 빵에 땅콩 버터를 바르는 방법을 아동에게 가르치
기 위해 촉각 모델링을 사용하는 방법을 보여 준다.

촉각 모델링은 행동에 관여하는 몸이나 사물의 부분을 촉각
접촉하여 아동(관찰자)이 시연하는 사람의 행동을 느낄 수 있도
록 하는 활동의 시연이다. 촉각 모델링은 맹 아동이 다른 사람
의 행동을 관찰할 수 있는 수단(전맹이며 구어적 지시를 들을 수
도 이해할 수도 없는 아동에게 무언가를 시연할 수 있는 촉각 수단의
하나)이 되어 준다. 촉각 모델링은 중도의 시각손상아동이 촉각
적으로 감지하고 모방하는 방식으로 활동이나 행동에 대한 정

보를 전달하는 것이다.

촉각 모델링은 또한 번갈아 가며 이야기 하기를 촉진한다. 의사소통 상대가 뭔가를 보여 주면 아동은 그것을 반복하고, 의사소통 상대는 피드백을 제공한다. 이 번갈아 가며 이야기 하기는 코멘트와 비구어적 의사소통을 포함할 수 있다.

다음은 촉각 모델링 사용의 몇 가지 예다.

- Linda는 두 살배기 아들 David를 무릎 위에 앉힌다. Linda는 노래를 부르며 아들의 손 사이에 자신의 손을 넣어 손뼉을 치다가 몇 초 간 잠시 멈춘다. Linda는 다시 노래를 시작하고 "박수 쳐 볼래?"라고 말하며 아들의 손을 건드려서 David가 손뼉을 칠 수 있도록 촉진한다.
- 교사는 Joseph(5세)에게 미술활동 재료(판지, 나무조각, 접착제, 병)를 보여 준다. 교사는 Joseph이 콜라쥬를 만들게 하고 싶다. 교사는 Joseph의 손 아래에 자신의 손을 넣어 Joseph이 그녀가 하는 활동(나무조각 잡기, 접착제 짜기, 나무에 접착제 칠하기, 나무를 판지에 붙이기)을 느낄 수 있게 한다. 교사는 "이제 네 차례야."하고 말하며 접착제 병을 Joseph의 손에 대어 준다. 만일 만들고자 하는 작품의 샘플이 있다면, Joseph에게 그걸 먼저 만져 보도록 격려했을 것이다.
- John은 Jeremy 앞에서 티볼(tee-ball) 배팅 스윙을 시범 보여 주고, 볼을 칠 때 몸의 자세, 팔의 움직임, 배트 그립을

친구 Jeremy가 느낄 수 있게 한다. Jeremy는 그 전에 배트, 배팅 티, 그리고 야구공을 촉각적으로 탐색할 기회가 있었다.

다른 촉각 전략들과 마찬가지로 어떤 아동들과 의사소통 상대자들은 자신의 연령, 성별, 관계, 문화, 경험의 차이 때문에 촉각 모델링을 불편하게 느낄 수도 있다. 이러한 문제는 논의해야 하며, 가족 구성원 및 서비스 제공자는 맹 아동에게 촉각 정보를 충분히 접촉할 기회를 제공하기 위해 필요한 경우 전략의 사용과 수정 방법에 대해 동의해야 한다. 교수 전략의 하나로 촉각 모델링의 사용은 어느 정도 제한점이 있다. 활동의 모든 측면이 촉각 모델링을 통해 쉽고 완전하며 안전하게 인지될 수는 없기 때문이다. 예를 들어, 촛불을 끄는 과정에 대한 설명을 이해하기 위해, 맹 아동은 설명하는 사람의 뺨, 입술, 호흡을 느낄 수는 있지만, 직접적으로 촛불의 불꽃을 '느낄' 수는 없다. 아동은 꺼진 촛불을 만져 볼 수는 있을 것이다. 한 번의 기회에 한 가지 활동의 어느 한 측면만이 촉각 모델링을 통해 감지될 수 있으므로(예: 샌드위치를 만드는 각 단계) 여러 단계로 이루어진 활동을 위해서 아동은 촉각 모델을 통해 활동의 계열을 기억해야만 한다. 또한, 촉각 모델링으로 학습하는 것은 어느 정도 손 사용 수준과 인지 기술, 그리고 촉각 인식 정보를 종합할 수 있는 능력을 요구한다. '가상체험활동 1'을 확장하고 촉각 모델링을 연습하기 위해 이 장의 마지막에 제시된 '가상체험활동 2'를 참조한다.

1) 실제를 위한 제언

효과적으로 촉각 모델링을 연습하는 방법에는 여러 가지가 있다. 놀이 찰흙과 쿠키 커터와 같이 당신과 아동이 같이 가지고 있는 재료로 할 수 있는 활동을 설정한다. 아동 옆에 앉아 아동이 당신의 손을 만지고 움직임을 따라할 수 있도록 당신의 손을 사용할 수 있도록 한다. 자료를 조작하는 아동의 행동을 번갈아 가며 모방한다(예: 찰흙을 찌르거나 말기). 손을 씻거나 또는 찰흙 놀이와 같이 촉각 모델링을 통해 가르칠 수 있는 행동이나 활동을 확인한다. 또한 아동이 일상의 다양한 활동에서 (예: 식사시간, 장난감 놀이, 손 씻기 등) 당신의 손을 느낄 수 있도록 할 수도 있다.

촉각 모델을 제공하기 위한 최선의 방법을 결정한다. 예를 들어, 아동이 언제 그리고 어디서 모델의 행동을 느끼고자 자신의 손을 모델의 손 위에 얹고 싶어 하는지를 살펴본다. 아동이 그것을 모방하기 기대하기 전에 행동을 여러 번 시범 보이고 언제 행동이 완료됐는지 아동이 이해할 수 있도록 촉각 모델 사이에 충분히 기다려 준다. 예를 들어, 아동의 손을 당신의 손 위에 살짝 올려놓고 함께 찰흙을 앞뒤로 굴리다가, 잠시 멈추어 찰흙을 만져보고, 다시 순서를 반복한다.

촉각 모델에 대한 아동의 반응을 관찰한다. 아동이 당신의 손 위에 자신의 손을 놓아 두는가? 당신이 시범 보여 준 행동을 아동이 시작하는가? 촉각 모델링이 개인적 선호, 요구와 능력에 비추어 개별 아동에 대해 효율적인 교수 방법인지의 여부를 결정한다. 당신이 행동을 시범 보이는 동안 맹 아동이 당신의 손 위에 자신의 손을 얹고 있는 것을 어려워한다면(신체적 또는 행동의 제한 때문에) 이 시점에서 촉각 모델링은 가장 효율적인 전략이 아니다. 아동이 설명을 볼 수 있는 충분한 시력을 가지고 있다면, 촉각 모델링은 시간만 소요하고 불필요할 것이다.

　　촉각 모델링이 성공하기 위해서는 아동이 다른 사람의 손을 '따르기' 편하다고 느껴야 한다. 이러한 '따르기'는 부드러운 촉각 대화의 많은 경험, 공동촉각주의에 대한 긍정적인 경험 그리고 반복적이고 아동을 존중하는 태도로 다른 사람의 손을 따르도록 권유하는 것을 통해 학습된다.

－ B. Miles

4. 손 아래 손 안내

'손 아래 손 안내(hand-under-hand guidance)'의 목적은 중도장애아동들에게 온화하고 도움이 되는 신체적 지원을 제공하기 위한 것이다. '손 아래 손 안내'는 시각장애와 농-맹 분야에서 많은 관심을 받아왔다(Alsop, 2002; Chen, 1995; McLinden & McCall, 2002; Miles, 2002). 아동을 활동에 참여하게 하기 위해서나 사물이나 자료를 조작하기 위해 신체적 지원을 실제로 필

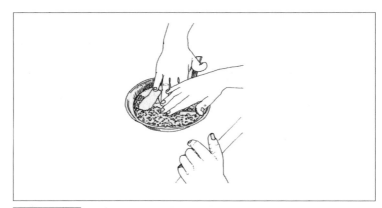

그림 4-12 '손 아래 손 안내': 물체 살펴보기

요로 할 때, 덜 간섭적인 전략을 사용하기보다는 '손 위 손 안
내(hand-over-hand guidance)'와 아동의 손을 직접 조작하는
기법을 사용하는 경향이 있다. 중복장애아동들에게 '손 아래
손 안내'를 더 편안하고 능숙하게 사용하기 위해서는 특별한
노력이 필요하다. 아동의 손이나 손목 아래에서 지원을 제공하
여 아동의 손을 안내하면 상대방의 손과 접촉하고 있는 동안에
도 아동이 자신의 손을 제어할 수 있게 해 준다. 사물을 탐색하
거나 촉각적으로 상호작용을 하기 위해 아동의 손 조금 아래에
상대자의 손이 위치하도록 한다(Dote-Kwan & Chen, 1999;
MacFarland, 1995; Miles, 2003). 아동의 손은 다른 사람의 손 위에
있기 때문에([그림 4-12] 참조), 아동은 다른 사람이 먼저 탐구할
어떤 것을 만지게 된다는 것을 알게 되고, 스스로의 의지에 따
라 자신의 손을 자유롭게 움직일 수 있다.

1) 실제를 위한 제언

'손 아래 손 안내' 하기는 촉각 모델링을 하기에 유용한 전략이다(즉, 맹이거나 시각이 손상된 아동에게 행동을 설명하기에 유용한 전략). 이 전략은 특정 사물이나 익숙치 않는 사물을 다루기 주저하는 아동, 그리고 그렇게 하도록 강요받는 것을 싫어하는 아동의 참여를 독려할 수도 있다. [그림 4-13]과 같이 의사소통

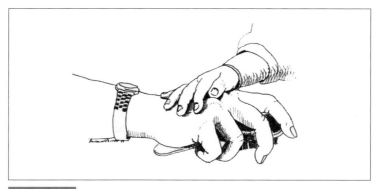

그림 4-13 '손 아래 손 안내' 하기: 머리빗 소개하기

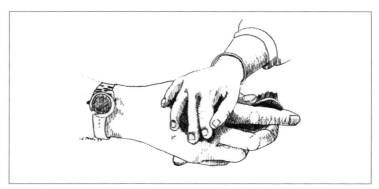

그림 4-14 물체를 소개하기 위해 서서히 손을 회전시키기

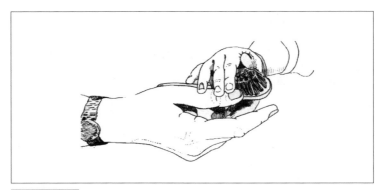

그림 4-15 아동이 성인의 손 안에 있는 물체를 느끼기

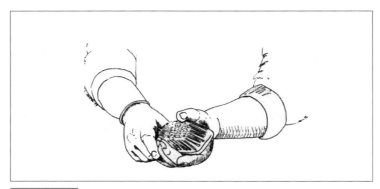

그림 4-16 아동이 머리빗을 탐색하기

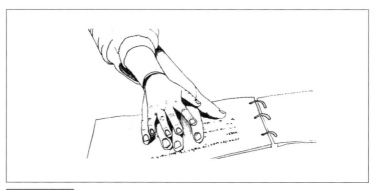

그림 4-17 점자책을 읽는 성인의 손 위에 손 올려놓기

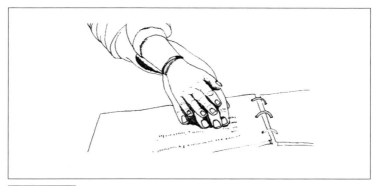

그림 4-18 성인이 서서히 손을 뒤로 빼기

그림 4-19 아동이 점자를 느끼기

상대자는 물체(이 경우, 머리빗)를 쥐고 아동의 손바닥 아래에 자신의 손등이 닿도록 한다. [그림 4-14]에서 사물을 쥐고 있는 사람은 천천히 자신의 손을 회전시켜 아동이 점차적으로 사물과 접촉([그림 4-15] 참고)할 수 있게 한다. 이 방법은 아동이 물체를 만지거나 다루는 것을 스스로 통제하게 한다. 아동은 자신이 접촉하게 될 어떤 것이 불확실할 때, 주저하거나 밀어내 버릴 수 있는 자유가 있다([그림 4-16] 참고).

대안적인 전략의 하나로 ([그림 4-17]~[그림 4-19] 참고), 성인이 표면을 탐색하는 동안 아동에게 손을 성인의 손 위에 올려놓도록 격려할 수 있다(이 사례에서 점자책의 한 페이지). 표면을 만지고 있는 사람은 아동의 손가락이 표면에 닿을 때까지 점차 자신의 손을 빼낸다(Dote-Kwan & Chen, 1999).

　　아동은 '손 아래 손 안내' 하기의 이점을 얻기 위해 다른 사람의 손 위에 자신의 손을 올려놓을 수 있는 신체 능력과 의지를 갖추어야 한다. 운동 문제를 수반하는 아동은 성인이 엄지손가락으로 부드럽게 지지해 주거나 아동의 손 위를 다른 손으로 살짝 잡아 주는 것을 통해 성인의 손 위에 자신의 손을 계속 올려둘 수 있게 할 수 있다. '손 아래 손 안내' 하기의 사용은 아동의 신체 및 동기적 요구에 따라 맞추어져야 한다.

　　'손 아래 손 안내' 하기는 아동이 일상적인 활동을 하는 동안 촉각 비교를 할 수 있도록 하는 수단이다(예: 시리얼을 넣기 전에 그릇이 비어 있는 것을 느끼기, 다른 발은 맨발로 있는 동안 한 발에 샌들을 신고 있는 것 알아채기, 또는 자신의 짧고 곧은 머리와 누나의 길게 묶은 곱슬머리 사이의 차이 느끼기). 이러한 상황은 촉각 대화를 위한 자연스러운 기회가 되고 아동이 촉각을 통해 차이를 발견하는 것은 특정 개념 및 관련 단어의 의미를 이해할 수 있는 기초를 제공한다. 아동은 '손 아래 손 안내' 하기를 할 사람과 친숙해져야만 하고 그 사람과 편안하게 상호작용해야 한다. 대화 상대는 아동과 함께 예측 가능한 활동, 손으로 하는 놀이들 그리고 기타 즐거운 상호작용 게임을 함으로써 관계를 발전시킬 수 있을 것이다.

'손 아래 손 안내' 하기의 사용을 위해 다음 질문을 고려한다.

① 어떤 상황에서 '손 아래 손 안내' 하기가 아동에게 주변의 사람이나 사물에 접근할 기회를 제공할 수 있는 효과적인 방법이 될 것인가? 예를 들어, '손 아래 손 안내' 하기는 새롭거나 좋아하지 않는 물건을 더듬어 살펴보거나 익숙하지 않은 사람에게 자신을 소개하는 데 도움이 될 수 있다.

② 아동은 어떻게 반응하는가? 아동이 자신에게 손을 제공하는 사람이 누구인지를 알고 있는가? 아동은 그 사람의 손 위에 자신의 손을 얹어 놓는 것에 협조하는가?

③ 아동은 보고자 하는 것을 만져서 살펴보기에 충분할 만큼 오랫동안 다른 사람의 손 위에 자신의 손을 놓아 둘 수 있는가? 그렇지 않은 경우, 아동이 그렇게 하도록 어떻게 격려할 수 있는가? 때론 아동의 손을 부드럽게 만져 주어 아동의 손이 성인의 손 위에 계속 있을 수 있게 하거나 성인의 손가락으로 아동의 손가락을 잡아 '손 아래 손 안내' 를 유지할 수 있다.

'손 아래 손 안내' 를 할 때 기억해야 할 추가 주안점은 다음과 같다.

• 아동이 당신의 손을 따르도록 아동을 격려할 때에 인내심

을 가진다. 아동의 손 아래에 당신의 손을 가만히 두고 잠시 시간을 보내면서 당신이 듣고 있다는 것과 당신의 손이 신뢰할만하다는 것을 알게 한다. 차츰 아동은 세상에 대한 정보를 얻기 위해 당신의 손을 따라 학습할 수 있다(Miles, 2003).

• 아동이 이 전략에 편안하고 익숙해지도록 아동이 어릴 적부터 '손 아래 손 안내'를 사용하도록 한다.

• 운동에 어려움을 겪는 아동을 위해 당신의 손가락 중 하나를 아동의 손가락에 가만히 걸거나 당신 다른 손의 손가락을 아동의 손등 위에 부드럽게 올려놓아서 아동이 당신의 손 위에 자신의 손을 계속 올려놓을 수 있도록 한다.

이 장의 끝부분에 나오는 '가상체험활동 3'은 '손 아래 손 안내' 하기를 연습할 수 있는 구체적인 방법을 보여 준다.

내가 농-맹 장애인이 손을 사용하는 방법과 정상 시력을 가진 사람들이 손을 사용하는 방법 간의 차이를 이해하게 되면서 농-맹인과 손으로 상호작용할 때 훨씬 더 조심하게 되었다. 볼 수 있는 사람들은 손을 주로 물건을 집거나, 과제를 수행하기 위해, 그리고 환경과 상호작용하기 위한 도구와 같이 사용한다. 나는 '손 위 손 안내' 하기 기법이 사람의 과제 수행을 돕고자 하는 열망 그리고 도구로서의 손에 대한 생각으로부터 발전되었다고 생각한다. 그러나 농-맹

인에게 손은 오직 도구로서의 역할에 국한되지 않는다. 그 손은 눈과 귀와 같이 감각 기관도 되어야만 하고 종종 목소리가 되어야 할 때도 있다. 따라서, 그들은 정보를 얻기 위해서 매우 민감하고, 생각과 감정을 표현하기 위해 매우 표현력이 풍부해야 할 필요가 있다. 내가 지난 몇 년 동안 발견한 농-맹인의 섬세한 손 기술을 개발하도록 돕기 위한 최고의 방법은 가능한 언제나 그들의 손을 자유롭게 놔두는 것이다. 사물을 접촉하고 탐색하게 하는 '손 아래 손 안내'는 농-맹인에게 자신의 손을 통제할 수 있게 하고 손을 능숙하게 사용하는 방법을 알게 한다.   - B. Miles

5. 손 위 손 안내

'손 위 손 안내(hand-over-hand guidance)'는 매우 일반적이지만 그것은 아마도 가장 간섭적인 전략일 것이다. 이것은 누군가가 아동이 어떤 것을 하도록 하기 위해서 아동의 손을 잡을 때 발생한다. 이 전략은 아동들이 사물을 탐구하고 조작하며, 과제를 수행하거나 수화의 손 모양을 만드는 것을 돕기 위해 자주 사용되는데, 활동에 반응하지 않거나 익숙하지 않은 아동들에게 특히 자주 적용된다(Freeman, 1985; McInnes & Treffry, 1982). 예를 들어, [그림 4-20]은 '손 위 손 안내'하기를 사용하여 그릇을 들고 옮기기를 보여 준다. 이 기법은 아동이

그림 4-20 '손 위 손 안내' 하기: 그릇 옮기기

적극적으로 참여하지 않거나 활동과제 제어를 잘하지 못하는 것을 감안하여, 온화하고 존중적이며 조심스럽게 사용되어야 한다. 그리고 이 기법을 사용하는 사람은 아동과 신뢰관계가 있어야 하며, 아동의 반응에 매우 민감하고 반응적이어야 한다.

'손 위 손 안내' 하기 사용의 한 가지 단점은 아동이 설명하는 움직임, 행동 또는 활동보다 자신의 손을 잡고 있는 사람의 손에 더 많은 주의를 기울 수 있다는 것이다. 또 다른 문제는 아동의 손을 신체적으로 안내하는 사람이 언제, 어떻게, 어디로 아동의 손을 움직일 것인지 그리고 무엇을 촉각 탐색할지를 결정한다는 것이다. 이러한 자기 통제의 결여는 시간이 지나면서 그 기법을 꺼리게 되고 일부 아동은 자신의 손이 조작되는 것에 저항할 수도 있다. 어떤 사람, 특히 잘 알지 못하는 사람이 당신의 손을 가져다가 어떤 시각적 준비도 없이 그리고 어떤 일이 벌어질지에 대한 이해도 없는 상황에서 끈적거리고 날카

로운 무언가를 만지도록 강요했다고 생각해 보자. 이러한 상황에서의 일반적인 반응은 저항하게 되거나 손을 치우는 것이다. 아동들은 촉진에 의존하게 될 수 있고 활동을 시작하기 위한 촉진의 하나로서 다른 사람의 손을 기다릴 수도 있다(Downing, 2003; Miles, 2003). '손 위 손 안내' 하기를 경험할 수 있는 방법으로 이 장의 '가상체험활동 4'를 참조한다.

거의 보이지 않거나 전혀 볼 수 없는 아동들의 손은 시각 정보를 얻는 중요한 수단으로 눈과 유사한 기능을 가진다. 따라서, 아동의 손은 신중하고 존중하는 배려없이 조종되어서는 안 된다. 어떤 상황에서는 아동이 '손 위 손 안내' 하기를 요청하는 것처럼 보일 수 있다. 예를 들어, 아동에게 머리빗는 것과 같이 간단한 행동을 가르칠 때는 온화하게 도와줄 수 있다. '손 위 손 안내' 하기 할 때에 다음의 몇 가지 점을 유의한다.

- 자주 사용하지 않는다.
- 아동의 반응을 인식하고 그에 따라 반응한다.
- 가능한 한 빨리 '손 위 손 안내'를 덜 간섭적인 촉진으로 바꾸어 간다(예: 손목을 만지거나 손목에 지원하기).

'손 위 손 안내' 하기는 손의 사용이 매우 제한적이고 사물을 조작하기 위해 조심스러운 도움이 필요한 아동에게 효과적일 수 있다. 그러나 이 전략은 필요한 경우에만 주의 깊은 관찰과 개별 아동의 반응에 대한 민감성을 가지고 사용되어야 한다.

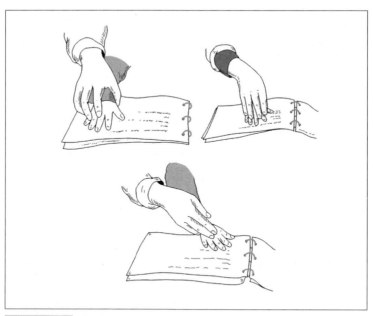

그림 4-21 '손 위 손 안내' 하기: 점자책 읽기

지원의 정도는 아동의 적극적 참여를 높이기 위해 적절하게 감소되어야 한다. 아동이 점자책을 읽을 수 있도록 신체적 지원을 줄이는 것을 보여 주는 [그림 4-21]을 참조한다. 덜 간섭적인 전략은 가능할 때마다 고려하고 사용해야 한다. '손 위 손 안내'를 할 때 다음 질문들을 고려하도록 한다.

- 나는 아동이 탐색하기 위해 자신의 손을 언제 사용하고 언제 사물을 조작하는지 알고 있는가?
- 나는 아동의 탐색을 방해하지 않기 위해 조심하는가?
- 나는 '손 위 손 안내' 하기 이외에 아동의 참여를 지원할

수 있는 어떤 전략을 사용한 적이 있는가? 그렇다면 아동
은 그 전략들에 어떻게 반응하는가?

- 나는 아동이 사물을 조작하는 데 필요한 '도움을 요청' 하
  는 때를 알고 있는가?
- 나는 어떻게 내 손으로 아동의 손을 안내하는가?
- 아동은 어떻게 반응하는가?
- 나는 어떻게 '손 위 손 안내'를 통해 제공하는 지원의 양
  을 어떻게 줄일 것인가?(신체적 촉진의 지원 수준을 줄일 수
  있는 방법에 대한 내용은 제3장 참고)

6. 가상체험활동

1) 가상체험활동 1: 공동촉각주의

① 다른 사람과 짝을 이룬다. 시각장애아동과 눈이 보이는 의
  사소통 상대의 역할을 번갈아 가며 한다.
② '아동'은 눈을 감고 물건을 살펴보거나 사용한다(예: 드럼
  두드리기 또는 놀이 찰흙을 톡톡 치고 찌르기).
③ 말하거나 수화를 하지 않고, 눈이 보이는 상대자는 '아동'
  과 상호작용을 하기 위해 오직 아동에게만 집중한다. 그리
  고 아동의 손에 닿을 수 있도록 손을 놓고 아동의 행동을
  모방하는 방법으로 '공동촉각주의'를 사용한다.
④ 각각의 역할을 모두 해 본 후 서로의 경험을 이야기 한다.

기분이 어땠는가? 무엇을 발견했는가?

2) 가상체험활동 2: 촉각 모델링

① 시각장애아동과 눈이 보이는 의사소통 상대의 역할을 번
갈아 가며 시작한다. '아동' 역할을 맡은 사람은 눈을 감
고 사물을 살펴보거나 사용한다(예: 드럼을 두드리기 또는
놀이 찰흙을 톡톡 치고 찌르기).

② 말하거나 수화를 하지 않고, 눈이 보이는 상대자는 '아동'
과 상호작용을 하기 위해 오직 아동에게만 집중한다. 그리
고 아동의 손에 닿을 수 있도록 자신의 손을 놓고 아동의
행동을 모방하는 방법으로 '공동촉각주의'를 사용한다.

③ 눈이 보이는 상대자는 '손 아래 손 안내'를 조심스레 사용
하는 촉각 모델링을 통해 다른 활동(예: 찰흙 굴리기, 리듬
바꾸어 드럼 두드리기)을 점차 소개한다.

④ 각각의 역할을 모두 해 본 후 서로의 경험을 이야기 한다.
기분이 어땠는가? 무엇을 발견했는가?

3) 가상체험활동 3: '손 아래 손 안내' 하기

① 시각중복장애아동과 눈이 보이는 의사소통 상대의 역할
을 번갈아 가며 시작한다. '아동' 역할을 맡은 사람은 눈
을 감고 조용히 앉는다.

② 말하거나 수화를 하지 않고, 눈이 보이는 상대자는 '아동'
에게 인사하기 위해 사회적 촉각 접촉을 하고, '손 아래 손

안내'를 사용하여 새로운 장난감을 소개하고 놀이하는 방법과 조작하는 방법을 보여 준다. 아동의 작은 손과 접촉을 유지하기 위해 여러 가지 방법을 시도한다. 예를 들어, 아동의 손이 당신의 손 위에서 떨어지거나 미끄러져 나가려 하면 당신의 손가락으로 당신의 손 위에 있는 아동의 손가락 하나를 걸거나, 당신의 손 위에 얹혀 있는 아동의 손을 당신의 다른 손의 손가락 하나로 가만히 잡아 준다.

③ 두 사람 모두 '아동'과 의사소통 상대의 역할을 번갈아 가며 해 본 후에 경험을 토론한다. 기분이 어땠는가? 무엇을 발견했는가? 어떤 어려움이 있었는가?

4) 가상체험활동 4: '손 위 손 안내' 하기

① 시각중복장애아동과 눈이 보이는 의사소통 상대자 역할을 번갈아 가며 시작한다. '아동' 역할을 맡은 사람은 눈을 감고 조용히 않는다.

② 말하거나 수화를 하지 않고, 눈이 보이는 상대자는 '아동'에게 인사하기 위해 사회적 촉각 접촉을 하고 '손 위 손 안내하기' 전략을 사용하여 새로운 장난감을 보여 주고 놀이하는 방법과 조작하는 방법을 보여 준다. 당신의 손으로 아동의 손을 안내하기 위해 여러 가지 방법을 시도한다. 예를 들어, 아동의 손 위에 당신의 손을 놓고 안내하다가 그다음에는 아동의 손목에 당신의 손을 놓고 안내한다. 예상하지 못하거나 불쾌한 촉감의 항목을 소개해 본다(예:

헤어젤의 거품, 압정, 철솜).

③ 두 사람 모두 '아동'과 의사소통 상대의 역할을 번갈아 해
본 후에 '손 위 손 안내'하기의 경험을 토론한다. 기분이
어땠는가? 무엇을 발견했는가? 다루기 불쾌했던 사물이
있었는가? '아동'에게 만져서 살펴보게 하는 데 어려움을
겪은 특정 사물이 있었는가?

7. 요 약

촉각 상호작용 전략은 아동이 촉각 감각을 통해 정보를 이해
하는 데 도움을 주는 체계적인 노력이다. 시각이나 청각적인
자극으로부터 정보를 얻을 수 없는 아동들을 위해 매우 중요한
전략은 다른 유형의 중도중복장애아동들에게도 시사점이 있
다. 몇 가지 전략이 적용 시기와 방법에 따른 제안과 함께 이
장에서 설명되었다. 촉각 전략의 사용과 그러한 전략을 적용받
는 사람이 되는 것 간의 차이를 인식하는 것은 중요하게 고려
해야 할 사항이다. 서비스 제공자들은 촉각을 통해 개입하는
방법을 인식하고 상호작용을 받는 사람으로서 아동의 관점을
이해하기 위해 노력해야 한다. 아동들은 각자 서로 다른 독특
함이 있다. 그러므로 촉각 전략을 가장 효과적으로 사용하기
위해서는 반드시 개별화해야 한다.

제5장 다양한 의사소통 옵션의 고려

제5장
다양한 의사소통 옵션의 고려

의사소통은 가족, 집단, 그리고 지역사회에 소속감을 갖게 해 준다. 다른 사람에게 자신의 욕구, 필요, 생각을 이해시킬 수 없다는 것이 어떨지 상상해 보라. 하고 싶은 말을 전달하거나 이해시킬 수 있는 효과적인 수단이 없을 때 느끼는 좌절감, 무력감, 그리고 고립감을 상상해 보라. 서로 이해할 수 있는 의사소통 수단을 갖는다는 것은 사회적 관계뿐만 아니라 학습에도 핵심적인 역할을 한다. 가르치는 것을 이해하고(수용의사소통) 알고 있는 것을 보여 주기 위해(표현의사소통) 의사소통 수단이 꼭 필요한 것이다.

의사소통은 최소한 두 사람 사이에 메시지를 나누는 것과 관련이 있다. 수용의사소통(receptive communication)은 그 메시지를 이해하는 것이고, 표현의사소통(expressive communication)은 메시지를 만들고 나누는 것이다. 메시지는 표정, 신체 언어(body language), 말(speech), 수화, 프린트, 제스처, 사진 등 여러 가지 형식으로 표현될 수 있다(Beukelman & Mirenda, 1998; Downing, 2005a). 말, 문자화된 메시지, 수화와 같은 일부 의사소통 형식은 매우 추상적이지만, 제스처, 표정, 사물, 그리고 사진과 같이 덜 추상적이고 쉽게 이해할 수 있는 형식의 의사소통 수단도 있다.

수용하고 표현할 수 있는 의사소통 형식이 많이 있다. 아동이 감각, 인지, 또는 다른 장애를 가지고 있을 때, 개인의 요구에 따라 시각, 청각, 상징적 기술 없이도 사용 가능한 적절한 의사소통 양식의 교수는 아동의 발달과 전반적 복지에 필수적이다. 중복장애아동은 다양한 의사소통 형식, 메시지를 받아들일 여러 가지 방법, 그리고 효율적으로 메시지를 표현할 다른 수단이 필요할 수 있다. 그리고 의사소통 상대자와 상황에 따라 여러 가지 의사소통 양식이 필요할 수 있다. 예를 들어, 시각장애아동이 약간의 청력 손실과 다른 장애를 함께 가지고 있다면 구어를 구별하고 인식할 수 있지만 표현의사소통을 위해서는 수화와 사물을 이용할 수 있을 것이다. 이 아동은 수화를 알고 있는 상대자와는 주요 단어를 수화로 표현하고 수화를 사용하지 않는 상대자와는 사물을 이용하여 의사소통할 수 있다.

제5장에서는 시각장애와 중복장애를 가지고 있는 아동들이 이용할 수 있는 다양한 의사소통 옵션들을 설명한다. 먼저, 구체적인 상징에서 시각 상징을 포함한 추상적 상징에 대해 개관 한 후, 선택된 촉각 의사소통 옵션들에 대해 자세히 다룰 것이다.

1. 의사소통 상징

말 소리를 사용하지 않고도 개인의 의사소통과 언어기술을 지원하는 상징의 유형이 많이 있다. 언어학과 보완·대체 의사소통 분야에서는 상징과 그 상징이 표현하는 것의 관계가 자의적이기도 하고 완전히 학습된(entirely learned)것이기도 하다는 것을 밝혔다(Fuller, Lloyd, & Schlosser, 1992; Venkatagiri, 2002). 미국에서는 농-맹 장애 분야의 일부 연구자가 표상을 의미하기 위해 상징(symbol)이란 용어를 사용한다. 추상적 상징의 의미를 이해하지 못하는 아동들을 위해 3차원적 상징(물체)과 2차원적 상징(사진, 그림)을 포함한 의사소통 체계를 뜻하는 '촉지적 상징(tangible symbols)'이란 용어를 사용한다(Rowland, Schweigert, & Priskett, 1995; Rowland & Schweigert, 2000). 촉지적 상징의 목적은 즉각적인 맥락을 넘어서 사람, 물체, 장소, 개념 그리고 사진의 참조를 허용하고 아동의 감각과 인지 능력 그리고 경험에 맞는 수용 및 표현의사소통 수단을 제공하는 것이다. 촉지적 의사소통은 표준화된 것은 아니고 보통 특정 아동을 위해 개별적으로 개발된다. 그러나 텍사스 맹학교(Texas School for the Blind)에서는 촉각 상징의 표준을 개발하여 농-맹을 포함한 시각중복장애학생 지도에 사용하고 있다. 여기에는 시간, 사건, 장소, 사람, 감정, 사물, 음식, 행동, 갖가지 기능 단어, 그리고 체육 관련 상징들의 범주를 위한 상징들이 있다(Hagood, n.d.).

개별화된 대체 의사소통 체계를 개발하는 것은 추상적 상징에서 구체적 상징에 이르는 상징의 범위를 고려해야 한다(Mirenda, 2005). 아동은 표현의사소통을 위해 특정 유형의 상징들을 사용할 수 있고 수용의사소통을 위해서 다른 유형들을 사용할 수 있지만 대부분의 중복장애아동은 각자의 능력, 요구, 동기 그리고 의사소통 상황에서의 요구에 따라 이러한 상징들을 조합하여 사용해야 할 것이다. 다음에 설명하는 상징들이 추상에서 구체적 상징까지의 엄격한 연속체라는 것을 의도하는 것은 아니지만, 개별 학생들을 위해 사용할 수 있는 가장 효율적인 의사소통 체계의 설정과 개발을 촉진하는 데 도움이 될 수 있다.

1) 전통적 철자 또는 점자

전통적 철자(traditional orthography)는 정안인을 위한 프린트를 포함한다. 점자(braille)는 기능적 시각을 갖지 않은 사람들을 위한 것으로 독특한 시각적(선) 또는 촉각적(도드라진 점) 표의문자(character)로 이루어진 표음 문자들(letters)로 표준화된 추상적 상징 체계의 하나이다. 이런 문자들이 배열되어 단어를 만들고 특정한 참조물을 나타낸다. 이 문자들의 배열은 시각적이거나 촉각적임을 떠나 참조물과 닮은 것이 아니기에 추상적 표상으로 간주된다. 예를 들어, '컵'이라고 적힌 프린트나 점자들은 실제 컵이라는 사물과 시각적 관련성은 없는 것이다([그림 5-1] 참조).

2) 질감 상징

질감 상징(textured symbols)은 촉각적이고 고정적인 의사소통 체계가 필요한 학생들을 위해 개별적으로 만들어진다. 학생들이 원하는 특정한 물건, 사람, 활동 등을 나타내기 위해 천, 가죽, 플라스틱 등을 카드에 붙이는 것이다. 대부분의 질감 상징은 실제 나타내고자 하는 것과 관계가 없기 때문에 추상적 체계로 간주된다. 예를 들어, 접착제 점들의 패턴들은 '수영하러 가기'를 나타낼 수 있다([그림 5-2] 참조). 때로 질감 상징은 실제 나타내고자 하는 것과 어느 정도 관계성을 갖게 하기도 한다. 예를 들어, 작은 타일 조각은 화장실(벽에 타일이 붙어있는)에 가고 싶다는 뜻을 나타낼 수 있다.

질감이 있는 상징이 나타내고자 하는 것과 흡사하다면 추상성이 낮고 형상성(iconicity)이 높아진다. 실제 모습과 유사한 질감 상징과 실제 나타내고자 한 것 사이에 밀접한 관련이 있으

그림 5-1 점자와 프린트

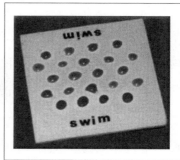

그림 5-2 질감 상징

면 학생들이 추상적인 질감 상징에 비해 훨씬 쉽게 그 의미를
이해할 수 있게 된다.

3) 수화

수화(manual signs)는 미국 수화(American Sign Language: ASL)
의 어휘를 사용하는 시각적 또는 촉각적 의사소통 수단이다.
수화는 한 손 또는 두 손으로 특정한 손의 모양, 방향, 몸과 공
간에서의 위치, 그리고 움직임으로 만들어지는데, 의미를 담은
단어 또는 단어들을 표현한다. ASL은 시각과 공간에 바탕을 둔
언어로서 독특한 구조의 구문론을 가지고 있다(Fisher & Siple,
1990; Kilma & Bellugi, 1979). 수화가 보통 상대방과 일정한 거리
를 두고 시각적으로 제시되는 것이지만, 수화를 촉각적으로 사
용하였을 때에는 수화를 하는 사람이 앞을 보지 못하거나 듣지
못하는 대화 상대자의 손 아래에 수화를 해 주게 된다. 그 대화
상대자는 손의 모양, 위치, 방향, 그리고 움직임의 특성에 따라
수화를 인식하게 되는 것이다. 대부분 ASL의 수화가 참조물과
닮지 않아 추상적이라고 간주된다(예: [그림 5-3]의 '어머니').

그렇지만 일부 수화는 참조물과 비슷하여 형상성이 보다 높
다. 예를 들어, 아기(baby), 마시다(drink), 컵(cup), 보다(look),
개(dog), 나무(tree), 고양이(cat), 물고기(fish), 거미(spider)와 같
은 수화는 참조물의 특징과 관련이 있어서 완전히 추상적인 수
화(예: 미워하다, 좋아하다, 행복하다)에 비해 높은 형상성을 갖는
다. 형상성이 높은 수화일수록 중복장애아동들이 배우기 쉬워

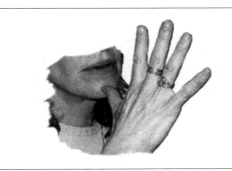

그림 5-3 '어머니'의 수화 표현

진다. 표현의사소통 목적을 위해서 아동은 반드시 수화를 표현
하는 데 충분하도록 신체적으로 능숙해야 한다. 학생의 인지와
신체적 요구에 맞추어 수정한 수화는 더 배우기 쉽고 사용하기
쉽겠지만 다른 사람들은 더 이해하기 어려울 수 있다.

4) 블리스 심볼

Charles Bliss가 개발한 블리스 심볼(Blissymbols)은 전통적인
철자의 대안으로서 주로 추상적인 시각적 상징을 사용한다
(Blissymbolics Communication Institute, 1984). 사용자가 메시지를
만들 수 있게 하는 논리적 체계를 바탕으로, 시각적 마커(visual
markers)를 상징에 더하여 구문론과 화용론적 기능을 변화시킨
다. 많은 블리스 심볼이 매우 추상적인 반면에 일부는 형상적
이어서 좀 더 쉽게 이해할 수도 있다(Mizuko, 1983). 예를 들어,
심장(heart)의 모습은 명사 '심장'을 표현할 수 있다. 심장 모양
옆에 위를 향한 화살표를 두면, '행복하다'라는 단어가 된다.

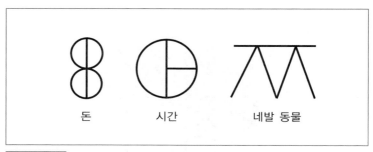

| 돈 | 시간 | 네발 동물 |

그림 5-4 블리스 심볼

화살표가 아래로 향하면 그 단어는 '슬프다'가 되는 것이다. 돈, 시간, 동물을 표현하는 블리스 심볼들은 참조물의 모양을 닮았다([그림 5-4] 참고). 블리스 심볼이 주로 시각적이지만 촉각적으로 만들어질 수도 있다. 이 체계의 논리적 속성에 시각적 형상성을 더하면 학생이 상징의 의미를 이해하는 데 도움을 줄 수 있다.

5) 그림 문자와 로고

그림 문자(Lexigrams)와 로고(Logos)는 주로 시각적 상징이지만 3차원적으로 만들어져 촉각으로도 인식될 수 있다. 그림 문자 또는 로고는 색깔이 있거나 없는 모양으로 참조물들을 나타낸다. 추상적이라고 간주되기는 하지만, 이러한 많은 모양은 참조물과 아주 비슷하게 표현될 수 있다(예: 남자와 여자의 실루엣과 닮은 남자와 여자 화장실 로고). 장애인의 접근 혹은 장애인 전용주차 공간을 나타내는 로고([그림 5-5])는 휠체어에 앉아 있는 사람을 보여 준다. '먹는다'를 의미하는 동그라미 로고는

그림 5-5 로고

동그란 접시와 다소 닮아 시각 또는 촉각을 통해 인식될 수 있다. 로고가 나타내고자 하는 것과 덜 닮을수록 더 추상적인 상징이 되고, 더 닮을수록 형상적이 된다. 로고가 시각적으로는 참조물과 비슷해 보일 수 있지만 촉각적으로 감지할 때에는 참조물과 어떠한 관련도 없을 수 있다.

6) 선화

선화(line drawings)는 사람, 활동, 동물 그리고 물체를 나타내는 흑백 또는 컬러 그림으로 참조물을 시각적으로 묘사한다. 선화가 나타내고자 하는 것과 매우 비슷하기는 하지만 의도한 메시지에 따라서는 사실적이지 않을 수도 있고 다소 추상적일 수 있다. 케이크(cake)라는 단어를 나타내는 선화, 특히 같은 종류의 케이크를 그대로 그린 그림이라면 매우 구체적이고 형상적일 수 있다. 그림에 특정한 색깔을 더한다면(예: 빨간 사과, 파란 사과) ([그림 5-6] 참고) 나타내고자 하는 물체와 시각적 유사

그림 5-6 선화: 사과

성을 높여 준다.

수화의 '도와주세요(help)'를 나타내는 두 손을 그린 그림은 보다 추상적이다. 그림은 상업적으로 만들어지거나 가정에서도 만들어질 수 있다. 나타내고자 하는 것과 그림의 시각적 유사성이 가까울수록 더 형상적이고 구체적이라 할 수 있다. 참조물(예: 쿠키)이 선화가 그려지는 방법을 보여 주는 모델로서 쓰인다면(예: 쿠키의 모양을 따라 그리기) 일부 아동은 선화와 참조물을 더 쉽게 연관 지을 수 있다.

7) 사진

사진(photographs)은 나타내고자 하는 것과 아주 비슷하기 때문에 시각적으로 매우 구체적인 표상으로 간주한다([그림 5-7]). 아동이 좋아하는 장난감의 컬러 사진은 같은 모양과 색깔을 보여 주기 때문에 그 관계성이 분명하다.

그렇지만 사진이 여러 가지 정보를 담고 있거나 참조물을 제

그림 5-7 사진: "물 마시고 싶어요."

대로 나타내 주지 못한다면 더 추상적이 될 수 있다. 예를 들어, 의자, 책상, 사진, 장난감이 있는 교실의 한쪽 구석을 찍은 사진은 교실의 어느 '활동 센터'를 의미하는 데 쓰일 수 있고, 컴퓨터에 CD를 넣는 사진으로 '컴퓨터 시간'을 나타낼 수 있다. 화장실을 찍은 사진인데 여러 개의 세면대, 비누 거치대, 거울, 벽의 타일이 모두 보인다면 그 사진은 시각적으로 복잡하여 하나의 세면대를 찍어 '화장실 가는 시간'을 나타내는 사진보다 이해하기 어렵게 된다. 같은 피사체(예: 강아지)를 여러 다른 시각에서 찍은 사진은 일부 아동에게는 인지하는 데 많은 어려움을 가져다 줄 수 있다.

8) 축소 모형

축소 모형(miniatures)은 어떤 참조물과 '비슷하게 보이게'만 들어진 작은 사물들을 가리키는 것이다. 예를 들어, 작은 코끼리 모형으로 '코끼리'를 의미하는 것이다. 축소 모형은 촉각적

그림 5-8 축소 모형: "물 마시고 싶어요."

으로 다룰 수 있고 탐색할 수 있다. 시각적으로 살펴보면, 축소 모형은 나타내고자 하는 것과 아주 유사하다(예: 작은 주택으로 집을 나타내고 플라스틱 동물로 진짜 동물 가리키기). 그렇지만 촉각적으로 살펴보게 되면, 축소 모형은 때론 아주 추상적이고 나타내고자 하는 것에 대해 정확한 정보를 주지 못하기도 한다. 축소 모형이 적절한 시각이 있는 아동들에게는 아주 구체적인 표상이 될 수 있지만 기능적 시각이 없는 아동들에게는 전혀 다른 이야기가 될 수 있다. 결과적으로, 축소 모형은 시각장애아동들을 가르칠 때에 사용되지 않아야 한다. 이런 중요한 고려 사항은 특정 시각장애아동들을 위한 축소 모형 사용의 적절성을 판단하는 데 적용될 필요가 있다.

　[그림 5-8]이 보여 주듯이, 나무로 만들어진 병의 축소 모형이 시각적으로 인식될 수 있겠지만, 촉각적인 탐색만으로는 확인하기 어려울 수 있다.

9) 사물의 일부

사물의 일부(parts of objects)는 참조물과 시각적으로도 촉각적으로도 매우 유사하기 때문에 구체적 상징으로 간주된다. 예를 들어, 아동이 주로 빨대를 이용해 음료를 마신다면 빨대의 일부분은 '마시다'를 나타낼 수 있다. 비슷하게 아동이 병마개가 달린 병으로([그림 5-9]) 음료를 마신 경험이 있고 지금도 그러하다면 병마개가 '마시다'의 뜻으로 의미 있게 사용될 수 있다.

의사소통 상징으로 사용할 수 있는 사물의 일부는 클 수도 있고 작을 수도 있다. 하지만 작을수록 쉽게 보여 줄 수 있고 필요한 장소에 가지고 가기도 쉬울 것이다. 촉각적으로 인지되어야 하는 사물의 일부는 아동의 관점에서 의미 있는 촉각 정보를 줄 수 있어야 한다. 예를 들어, 자전거의 손잡이 일부는 '자전거'를 나타낼 수 있는데 아동이 자전거를 탈 때 감촉하는 대상이기

병마개

그림 5-9 사물의 일부: "물 마시고 싶어요."

때문이다. 시각적으로 인지되어야 하는 사물의 일부는 시각 정보가 명료하게 나타나야 한다. 예를 들어, 자전거 손잡이 앞에 달린 바구니는 자전거를 시각적으로 표현하기 위해 사용될 수 있다. 쉽게 알아 볼 수 있지 않거나 감촉하기 힘든 사물의 일부는 보다 추상적이고 관계성이 분명하지 못하다.

10) 사물의 전체

사물의 전체(whole objects)는 참조물을 분명하고 구체적으로 나타낸다. '마시다'를 뜻하기 위한 컵, '우유'를 위해 병, '공놀이'를 위한 장난감 공과 같은 것이 사용될 수 있다. 사물은 학교에서 실제로 사용될 수도 있고 그렇지 않은 것도 있다. 그렇지만, 참조물과의 연합이 매우 분명해서 쉽게 배울 수 있을 것이다. 예를 들어, 한 개의 CD는 '컴퓨터 사용하기'와 잘 연관되지만 반드시 그 활동을 하기 위해 필요하지 않을 수도 있

그림 5-10 사물의 전체: "컴퓨터를 사용하고 싶어요."

는 것이다([그림 5-1이 참고).

2. 의사소통 양식의 결정

중복장애아동들은 특정 수용의사소통 양식(예: 수화)과 표현 양식(예: 사물)이 필요할 수 있다. 의사소통 양식은 상황이 친숙한지 아닌지에 따라 달라질 수 있으며 아동의 의사소통 기술이 늘어나면서 의사소통 양식은 계속해서 변할 수 있다. 앞 장에서 촉각 기술에 대해 논의한 바와 같이, 의사소통 양식은 아동의 강점과 감각 정보 사용 여부는 물론 가족과 아동의 선호에 바탕을 두어야 한다. 아동이 촉각 의사소통 양식을 사용하고, 받아들이고, 이해하기 위해서는 최소한의 기본적 기술들이 필요하다. 투입되는 촉각 정보를 받아들이고, 최소한 손을 움직일 수 있으며, 몇 초 동안 사물 또는 사람과 눈맞춤을 유지하며, 촉각적 탐색활동에 능동적으로 참여할 수 있는 기술들이다.

3. 선택된 촉각 의사소통 옵션

촉각 의사소통 옵션들은 아동에게 뚜렷한 특징이 있도록 제시되어야 하는데, 아동이 촉각적으로 인지할 수 있고 의미를 연합시킬 수 있어야 하기 때문이다. 비유하자면, 대화 상황에서 소리 '신호' (구어)는 반드시 '배경소음' (말하는 사람의 메시지와 관련이 없는 소리들)이 있는 상황에서도 감지될 수 있어야 한다. 배경소음을 낮추거나 청각적 신호를 더 크게 할 수 있으며, 두 가지를 모두 시행할 수도 있다. 비슷하게, 촉각 '신호' (접촉 단서, 사물 단서, 질감 상징, 또는 수화)는 '배경소음' (메시지와 관련이 없는 다른 촉각 정보)으로부터 어렵지 않게 분리되어야 한다. 촉각 '신호'는 일상적 도움과 여러 신체적 접촉에서 발생하는 '배경소음' 과는 완전히 다른 분명한 촉각적 정보를 제공할 수 있어야 한다.

중복장애아동과 시각장애아동은 수용 및 표현의사소통을 개발하기 위해서 구체적인 지원이 필요하다. 〈표 5-1〉과 같이 특정한 촉각 의사소통 옵션들이 수용과 표현의사소통 모두를 위해 사용될 수 있는 반면에 어떤 것들은 수용 또는 표현 어느 한 가지로만 제한적으로 사용될 수 있다. 이 책에서는 시각장애와 함께 부가적인 심각한 장애를 가진 아동들이 현재 사용하고 있는 가장 보편적인 촉각 의사소통 방법을 다룬다. 이 장에서는

표 5-1 ● 촉각 의사소통 옵션

촉각 정보 투입/수용의사소통	산출/표현의사소통
접촉 단서 신체 위 수화	표정, 몸 움직임, 촉각 접촉
사물 단서	사물
질감 상징	질감 상징
촉독 수화	공동 수화 및 즉흥적 수화

접촉 단서, 사물 단서 그리고 질감 상징에 대해 논의한다. 제6장에서는 신체 위 수화(signs on body), 공동 수화(coactive sign) 그리고 촉독 수화(tactile sign)를 다룰 것이다.

1) 접촉 단서

시각장애와 부가적인 장애를 함께 가진 어린 아동들이 사용하는 접촉 단서(touch cue)에 대한 문헌이 많다(Alsop, 2002; Chen, 1999; Klein, Chen, & Haney, 2000; Rowland, Schweigert, & Prickett, 1995). 접촉 단서는 말을 이해하지 못하는 아동을 위해 초기의 간단한 수용의사소통 수단으로 사용될 수 있다. 접촉 단서는 아동의 몸을 일관성 있는 방법으로 접촉하는 것인데, 접촉은 특정한 메시지를 전달하는 요구나 지시, 정보, 칭찬, 인사 등과 같은 여러 가지 의사소통 기능을 의도하는 명료한 신체적 신호의 역할을 한다. 어떤 접촉들은 자의적인(예: 아동의 행동을 칭찬, 격려, 또는 제지하기 위해) 것처럼 보이고 어떤 것들은 특정한 맥락 내에서 뜻이 전달되는 메시지와 직접적인 관련을 갖기도 한다. 예를 들어, 식사 시간에 아동의 입을 접촉하는 것은 아동에게 '한 입 먹자'라는 요구가 될 수 있다. 활동 또는 메시지와 관련이 있는 접촉 단서는 자의적인 것보다 아동이 이해하기 더 쉽기 때문에, 이러한 접촉 단서들을 출발점으로 고려해야 한다.

접촉 단서는 개별 아동에게 특정한 메시지를 전달하기 위해 의사소통 상대자에 의해 개발되고 일관성 있게 사용해야 한다.

그렇지 않으면 사람들이 이러한 촉각적 신호를 서로 다른 방법으로 사용하게 되어 아동에게 혼란을 주게 될 것이다. 예를 들어, 아동의 어깨를 가볍게 두드리는 것은 인사가 될 수도 있고 아동에게 앉으라는 요구가 될 수도 있다. 아동도 접촉을 의사소통할 때 사용할 수 있다. 예를 들어, 다른 사람을 접촉하여 주의를 끌거나 상호작용을 시작할 수 있으며 사물을 접촉하여 관심을 나타낼 수 있는 것이다.

접촉 단서는 의사소통자의 의도를 나타내고 갑작스럽거나 혼란스러운 상호작용 때문에 일어나는 아동의 놀람 반사나 부적절한 행동을 줄일 수도 있다. 예를 들어, 아동의 팔꿈치 아래를 접촉하는 것은 "이제 너를 안아 줄거야."라는 신호가 되어 아동이 안길 때 놀라지 않을 수 있다. 접촉 단서는 분명하고 뚜렷해야 하며 부드러운 촉각 신호로 만들어져야 한다. 즉, 접촉 단서는 아동이 다른 신체적 접촉(예: 아동을 바르게 앉힐 때 발생하는 접촉)과 쉽게 구별할 수 있어야 한다. 비유하자면, 주변에 방해하는 소음이 없을 때, 아동은 누군가 자신에게 하는 말을 더 쉽게 들을 수 있는 것과 같은 것이다. 비슷하게, 아동에게 접촉 단서(예: 입가를 살짝 건드려서 "밥 먹을 시간이야."라는 신호를 전달)를 주기 전에 다른 경쟁적인 신체적 접촉(예: 아동의 얼굴을 닦아주기)을 줄이거나 하지 않도록 해서 아동이 단서에 집중할 수 있도록 하고 단서와 지금 일어나는 일을 연합할 수 있게 하는 것이 좋다.

접촉 단서는 아동의 의사소통과 친숙한 루틴(routines)에의 참여를 돕는다. 예를 들어, 보호자가 아동에게 접촉 단서를 준 후 잠깐 멈춰서 아동이 루틴의 다음 단계에 대한 준비나 기대를 표현하도록 기다린다. 접촉 단서가 매일 일상적인 일과 동안 일관성 있게 사용된다면, 아동은 단서가 무엇을 의미하는지 배우게 되고 상호작용을 기대하게 된다. 접촉 단서의 세 가지 특징이 아동의 신체 위에 이루어지는 수화(제6장 참고)와 차별화된다. 즉, 단서들은 각 아동마다 개별화되고, 단서의 의미는 맥락에 바탕을 두며, 단서는 상징이 아니다.

- 아동의 어깨를 부드럽게 눌러서 "여기에 앉자."를 전달한다(지시).
- 아동의 오른쪽 어깨를 쓰다듬어 "좋구나."를 뜻한다(칭찬).
- 아동의 손등을 만지며 "안녕, 여기 선생님이야."를 전달한다(인사).
- 아동의 머리카락을 만지는 것은 "머리를 빗어 줄게."를 뜻한다(정보).

(1) 실제를 위한 제언: 접촉 단서

모든 장애아동에게 특히 아동이 심각한 신경학적 손상이 있는 경우, 촉각 접촉 유형과 위치는 신중하게 선택되어야 한다. 대부분의 경우, 분명한 접촉이 살짝 건드린 것보다 더 좋다. 아동의 물리치료사 또는 작업치료사와 협의하여 접촉 단서를 개발하고 사용하는 것이 필요하다. 신체의 서로 다른 몇 군데

(3~5군데)(예: 뺨, 팔, 손, 발)를 이용한 접촉 단서를 선택하여 시작하면 아동이 구별하기 매우 쉽다. 특정 아동에게 사용될 수 있는 접촉 단서가 선택되고 나면 아동의 관점에서 사용하는 연습을 한다. 눈을 감고 누군가에게 당신 신체를 조용히 접촉하게 해 보라. 그 메시지가 무엇을 담고 있는가? 메시지가 분명해 보인다면, 아동에게 그 접촉 단서들을 적용해 보고 아동의 반응을 유심히 살펴보도록 한다.

접촉 단서는 가족 구성원과 서비스 제공자들이 개발하기 쉽고 형식적인 교수를 많이 필요로 하지 않는다. 이런 접촉 신호들은 어린 장애아동들 혹은 중도중복장애가 있는 좀 더 나이든 아동들에게 가장 적합하다. 접촉 단서는 아동 개개인에게 맞춤화될 수 있다. 메시지의 내용은 다양할 수 있지만 메시지가 담을 수 있는 의사소통의 유형(예: 무슨 일이 일어날지 알려 주기, 인정, 칭찬, 격려해 주기, 요구하거나 지시하기)은 제한적이다. 요구의 특정한 내용은 '자, 앉자.' (아동의 어깨를 살짝 건드리며) 또는 '자, 먹자.' (아동의 입술을 두 번 건드리기)가 될 수 있다. 가장 중요한 것은 선정된 접촉 단서를 정확하고 일관되게 사용할 수 있도록 의사소통 상대자와 개별 아동이 서로 약속을 하는 것이다. 그렇지 않으면, 무계획적으로 사용되는 접촉 단서 때문에 아동이 혼동하거나 놀랄 수 있다. 접촉 단서는 중도장애아동에게 의사소통 투입 자극을 제공할 수 있는 한 가지 옵션으로 고려될 필요가 있다. 접촉 단서 사용을 위한 좀 더 자세한 내용은 다음의 '접촉 단서 사용하기'를 참고한다.

안내하는 질문
- 아동의 선호와 능력을 고려했을 때, 접촉 단서가 이 아동에게 의사소통 투입 자극을 제공하는 데 효과적이고 적절한 방법인가?
- 그렇다면, 이 단서들이 아동의 일과 동안 언제 필요한가?
- 어떤 메시지가 전달되어야 하는가?
- 어떤 접촉 단서가 필요한가?
- 누가 사용할 것인가?
- 촉각 접촉에 대해 아동은 어떻게 반응하는가?
- 접촉 단서가 분명하게 제공될 수 있어서 아동이 다른 촉진(prompts)들과 혼동하지는 않는가?

기억할 점
- 아동을 존중한다.
- 아동의 신체를 접촉하는 부위는 사회적으로 수용가능하고 아동의 연령에 부합해야 한다.
- 분명한 접촉 단서를 제공하여 쉽게 구별할 수 있도록 한다.
- 접촉 단서는 표준화된 것이 아님을 잊지 않는다.
- 접촉 단서를 일관성 있게 사용한다.

다음 사례는 중도장애 영아와의 상호작용을 돕기 위해 선정되고 사용된 특정 접촉 단서와 기타 의사소통 옵션을 보여 준다.

(2) 사례: Cassandra와 가족

생후 10개월인 Cassandra는 엄마, 할아버지와 함께 산다. Cassandra는 흔들의자에 앉아 엄마가 천천히 흔들어 주는 시간을 가장 좋아한다. Cassandra는 그동안 즐거워하고 조용하며 각성 상태를 유지하는 것처럼 보이지만, 흔들의자가 너무 빠르거나 거칠게 다루어지면 울고 투정을 부릴 것이다. 엄마에 의

하면, 안아 줄 때 조용해지고 혼자 두게 되면 운다고 한다.

　Cassandra는 두 눈에 백내장(bilateral cataract)과 녹내장(glaucoma) 증상이 있어서 심한 시력 손상을 입었다. 광각(light perception)이 있지만 두 귀의 청력 손실이 중도에서 최중도에 이르고, 소두증과 심장에 심각한 문제가 있다. 아직 청력 보조기를 사용하고 있지는 않다. Cassandra는 근육에 저긴장증(hypotonia)이 있고 머리를 잘 가누지 못한다. 교사가 주 2회, 작업치료사가 월 1회 집에 방문한다. Cassandra는 아직 물체를 잡고 다루거나 탐색하지 못한다. Cassandra가 좋아하는 것을 바탕으로 서비스 제공자와 가족은 〈표 5-2〉, 〈표 5-3〉, 〈표 5-4〉와 같이 선호하는 활동들 안에서 선택된 전략들을 사용할 계획을 마련했다. 이 예들은 선택된 단서와 핵심적인 수화들을 보여 주지만, 보호자와 상호작용하고 초기의 의사소통 교환(turn-taking)이 이루어지는 동안 언어와 대화 기회에도 노출되어야 한다.

표 5-2 ● Cassandra의 대화 상대자를 위한 단서의 확인

Cassandra의 대화 상대자	확인 단서
엄마	Cassandra의 손을 부드럽게 쥐기
할아버지	턱수염
초기 교육 전문가	목걸이에 달린 메달
작업치료사	고무 술이 달린 작은 공

표 5-3 ● Cassandra와 상호작용을 하기위해 선택된 촉각 전략들

활동	전략	Cassandra가 알아들었을 때의 반응
기저귀 갈기	• 기저귀를 갈 때 쓰는 물티슈를 Cassandra가 만질 수 있도록 도와준다(사물 단서). • Cassandra가 물휴지의 냄새를 맡도록 한다(후각 단서).	• 물티슈를 만지거나 잡는다. • 조용히 기다린다.
흔들기 놀이	• 흔들의자에 앉히기 전에 Cassandra를 잡고 앞뒤로 흔들어 준다(동작 단서). • 흔들기 놀이를 멈추고, 이 활동을 다시 할 수 있도록 Cassandra가 수화를 더 (공동 수화) 할 수 있도록 도와준다.	• 다리를 찬다. • 즐거워한다. • 몸을 앞뒤로 흔든다. • 손뼉을 친다.
안아 주기	• Cassandra의 겨드랑이 근처를 가볍게 쓰다듬는다(접촉 단서).	• 양팔을 든다. • 몸을 앞으로 기울인다.
젖병 마시기	• 젖병의 꼭지를 Cassandra의 뺨에 톡톡 댄다(접촉 단서). • '먹는다' 라는 수화를 Cassandra의 입 위에 한다(신체 위에 수화).	• 젖병의 꼭지를 향해 머리를 움직인다. • 입을 벌린다.
활동 끝내기	• "끝났어."라는 촉독 수화를 한다.	• 멈춰서 기다린다.

표 5-4 ● 엄마와 함께하는 Cassandra의 흔들의자 놀이

촉각 전략	의사소통 상대자	아동의 기대	아동에게 주는 반응
접촉 확인 단서	• Cassandra의 양손을 가볍게 쥐고, "엄마, 여기 있어."라고 한다	• 나에게 관심을 보인다.	• Cassandra의 이마에 뽀뽀해 준다.
접촉 단서	• Cassandra의 겨드랑이에 두 손을 넣고, 살짝 들어 올린 안아 올리기 전에 멈춘다.	• 나에게 몸을 기울인다.	• 아이를 안아 주고 "이제 흔들의자에 가자."라고 한다. 아이를 안고 앞뒤로 흔들어 주며 의자로 걸어간다.

계속 〉〉

접촉 단서	• 아이를 무릎 위에 올리고 흔들의자에 앉아 기다린다(지연 전략).	• 웃으며 몸을 움직인다.	• 아이의 다리를 만지며 "흔들흔들하고 싶어?"라고 말한 후 곧바로 흔들의자를 흔든다.
공동 수화	• 흔들의자를 몇 차례 움직인 후, 잠시 멈춰서 아이의 반응을 기다린다(간섭 전략).	• 몸을 움직인다.	• "더 하고 싶어?" • "더."라는 수화를 함께 하도록 도와준다. 곧바로 흔들의자를 흔들기 시작한다.
공동 촉각 주의	• 아이의 손 움직임을 잘 관찰하고 아이의 행동을 따라한다(예: 아이의 셔츠를 만지기).	• 엄마의 손을 받아들인다.	• 아이가 이끄는 대로 따르고, 놀이에 피곤한 기색이 보이면 아이의 손 움직임 모방을 멈춘다.
공동 수화	• 아이의 반응을 세심하게 관찰한다.	• 흔들의자를 그만하고 싶으면 표현한다.	• 이 놀이를 세 번 또는 아이가 놀이에 싫증 낼 때까지 반복한다. • "다 했다."라고 말하며 함께 수화하고 의자에서 일어난다

2) 사물 단서

사물 단서(object cue)는 사람, 장소, 물체, 또는 활동을 나타내기 위해 사용하는 사물의 일부나 전체를 말하며, 추상적 상징을 사용하지 않는 아동에게 적용하는 구체적인 의사소통 방식이다. 처음에는 선택된 사물을 활동에서만 사용하여 아동이 사물 단서가 무엇을 나타내는지 이해할 수 있도록 해야 한다. 예를 들어, 숟가락 하나를 아동에게 보여 주고 '간식 먹을 시간'이라는 메시지를 전달한다. 아동이 간식을 언제나 숟가락으로 먹는다면 이 사물의 의미를 결국 이해하게 될 것이지만, 간식이 주로 손가락 음식이라면 다른 사물(예: 좋아하는 과자의 봉지)을 대신 사용해야 할 것이다. 사물 단서는 아동이 무슨 일이 일어날지(예: "이제 우리 간식을 먹을 거야.") 알게 하고, 무엇을 해야 하는지 이해하는 방법을 알려 주며(예: "간식 먹는 테이블에 가야 해."), 아동이 요구나 의견(예: "쿠키를 먹고 싶어요." 또는 "쿠키는 내가 제일 좋아하는 간식이에요.")을 표현할 수단을 만들어 준다. 아동이 특정한 사실의 의미를 이해하고 나면, 사물을 조금 더 추상적이거나 상징적으로 만들 수 있는데, 즉 활동에서 사용되는 사물을 사용하지 않고 사물의 일부만을 사용하는 것이다. 아동이 구체물 단서의 의미를 일관되게 구별하고 인지하며 이해하게 되면 구체물 단서를 점차 줄여나가고 보다 추상적인 사물 단서를 도입하도록 한다.

Jan van Dijk의 획기적인 연구들은 농-맹 장애학생들의 의사소통을 위해 '사물'을 이용해서 매일의 중요한 활동들을 표현하는 체계적인 접근 방법을 소개했다(van Dijk, 1966; 1986). 사물들은 여러 가지 다양한 대화 주제(예: 선호와 흥미를 논의하고, 비교하고, 과거의 사건과 관련시키며, 다가올 활동을 준비하기 위한 수단의 하나로서)를 위한 구어와 수화를 이용하고 의사소통을 보조하는 목적으로 사용될 수 있다.

중도장애를 가진 아동과 청소년들에게 만질 수 있는 상징을 이용하여 의사소통하는 법을 가르치는 체계적이고 의미 있는 교수에 대해 연구들은 긍정적인 효과를 보고한다. Rowland와

Schweigert(2000)는 기능적인 상징 의사소통을 하지 못하는 중도장애아동들이 사물, 질감이 있는 물체, 사진과 같은 촉지적 상징을 사용하는 것에 대해 연구하였다. 직접교수를 적용해 매일 학교에서 약 15분씩 평균 6.5개월 동안 가르쳤다. 41명의 아동 중 35명이 표현 기능적 의사소통을 위한 촉지적 상징을 사용할 수 있었고, 일부는 말과 같은 추상적 상징을 이용하는 데에도 향상을 보였다.

농-맹 그리고 시각장애 분야의 문헌들은 의사소통 수단으로 사물을 이용하는 것을 지칭하는 여러 가지 용어를 사용한다. '참조 사물(object of reference)'이라는 용어는 주로 유럽 쪽 문헌에서 발견되는데, 사물 단서(object cue, 활동에서 사용되는 실제 사물)와 활동에서 실제로 사용되지 않아서 보다 상징적인 다른 사물을 구별하기 위해 사용하고 있다(Aitken et al., 2000; Best & Boothroyd, 1998). 3차원 상징 사물들은 '촉지 상징'의 범주에 들어간다(Rowland & Schweigert, 2000). 이 책에서는 활동에서 사용하는 실제 사물이든 보다 추상적인 형태의 사물이든 '사물 단서'라는 용어를 사용하는데, 미국의 농-맹 분야의 문헌에서 흔히 사용되고 있기 때문이다(Alsop, 2002; Chen, 1999; Rowland, Schweigert, & Prickett, 1995).

아동에게 가르쳐야 하는 사물 단서가 몇 개여야 하는지 정해진 것은 없다. 자주 일어나고 아동에게 동기 부여가 잘 되는 몇 가지 활동을 확인하는 것으로 시작한다. 매우 선호하는 활동들과 관련되는 사물 단서들을 제공하여 아동이 선택하고 원하는 것을 표현하며 대화를 시작하는 데 사물을 사용하는 것을 배울 수 있게 한다. 다른 의사소통 옵션들과 함께 말과 수화 역시 사용하는 것도 적절하다. 다음의 예는 사물 단서로서 사물의 전체와 일부가 어떻게 사용되는지를 보여 준다.

- **사물 전체**
  - 컵은 '간식 시간', '식탁으로 가자.' 또는 '목이 말라요.' 를 나타낼 수 있다.
  - 책가방은 '여기 스쿨버스가 왔어, 학교 갈 시간이야.' 또는 '집에 가고 싶어요.' 를 뜻할 수 있다.
  - 조개껍질은 촉각 도서에 붙여 바닷가 여행을 말하는 데 사용될 수 있다.
  - 양초와 파티 모자는 생일 파티 계획을 세우는 데 사용될 수 있다.

- **사물의 일부**
  - 빨대의 일부는 '간식시간' 또는 '목이 말라요.' 를 나타낼 수 있다.
  - 자전거 핸들의 고무 손잡이는 '자전거 타자.' 또는 '자전거 타는 거 재미있어요.' 를 나타낼 수 있다([그림 5-11] 참고).
  - 그네에 사용되는 체인 조각은 '쉬는 시간이다! 그네타고 싶어요.' 또는 '운동장에 나가자.' 를 말할 수 있다.

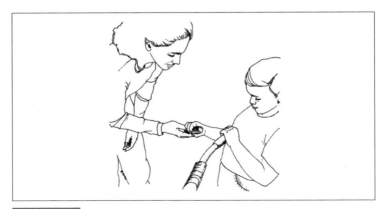

그림 5-11 사물 단서: 자전거 핸들 손잡이 부분이 자전거 타러 가는 것을 나타내고 있다.

(1) 실제를 위한 제언: 사물 단서

먼저, 아동이 사물을 능동적으로 탐색하고 조작할 수 있는 실제적 능력이 있는지를 고려하여 사물 단서가 적절한 의사소통 단서가 될 수 있는지 판단한다. 활동하는 동안 아동이 다루고 탐색하는 데 선호하는 사물의 유형을 확인하고 그런 특성에 부합하는 사물 단서를 선택한다. 다음은 아동에게 사물 단서를 사용하는 가장 좋은 방법에 대한 제언이다.

- 하루 중 아동이 선호하는 활동이나 핵심 활동을 나타낼 수 있는 사물들의 수를 몇 개로 제한하여 시작한다. 예를 들어 Amy는 엄마와 까꿍놀이를 좋아하는데, 면 스카프(사물 단서)가 이 놀이를 나타낼 수 있다. Leroy는 동생과 함께 반려견 산책을 즐기는데, 반려견의 목줄(사물 단서)이 오후의

산책 활동을 나타낸다. 학교에서의 중요한 활동들을 시간
표에 따라 나타낼 수 있다(예: 등교는 '책가방', 점심시간은
'점심 식권', 쉬는 시간은 '손목 밴드', 하교는 '책가방')

- 처음엔 사물 단서를 실제 활동에 쓰이는 동일한 사물로 사
  용하여 아동이 그 의미를 쉽게 이해하게 한다. 아동은 단
  지 하나의 촉지 상징과 다른 촉지 상징을 구별하기만 하면
  된다. 아동은 '사물 A = 활동 A'라는 것을 배우게 될 것이
  다. 아동이 활동과 밀접한 관계가 있는 사물을 연합시키고
  나면, 좀 더 추상적인 단서(활동에 쓰이지 않는 것)를 도입
  할 수 있다.

- 가능하다면 작은 사물이나 사물의 일부를 선택하여 의사
  소통체계를 휴대하기 편하게 한다. 사물 단서를 선택할 때
  는 아동이 쉽게 구별할 수 있고 참조물과 촉지적 관계가
  가까운 것이 좋다. 축소 모형은 피하는 게 좋다. 참조물과
  의 관계가 시각에 의존하기 때문이다.

- 사물 단서는 아동이 사용할 수 있고 의사소통 상대자가 일
  관되게 사용할 수 있도록 잘 보일 수 있게 정리되어야 한
  다(예: 시간표를 위한 달력 상자, [그림 5-12]와 같은 의사소통
  판, 범주별로 구별한 바인더, 사물이 위치한 장소의 표시물). 사
  물 위 또는 사물이 고정되어 있는 물체에 의도하는 메시지
  를 잘 보이도록 써 놓아서 모든 의사소통 행위자가 의사소
  통 의도를 명료화할 수 있도록 한다. 촉지할 수 있는 달력,
  일정 표시책, 활동 스케줄을 개발하고 실행하는 데 여러

그림 5-12 간식을 위한 의사소통판: 찍찍이로 붙여진 사물

출판물이 도움이 될 것이다(Alsop, 2002; Blaha, 2002; Downing & Peckham-Hardin, 2001; Rowland, Schweigert, & Prickett, 1995).

사물 단서는 구체적이고 정적인 의사소통 방법을 제공하여 추상적 상징을 사용하지 않는 아동이 쉽게 이해할 수 있다. 사물 단서는 상징적 의사소통을 보완하거나 지원한다. 사물 단서는 아동 신체 일부분의 동작 반응이 필요한데, 가리키기(pointing), 만지기(touching), 잡기(grasping), 집어 올리기(picking up), 보여 주기(showing), 쳐다보기(looking at them), 나타내고자하는 장소나 활동에 가기 등이다. 사물 단서는 아동의 인지, 기억, 표상 기술을 상대적으로 덜 요구하면서도 의사소통 수용과 표현의 옵션을 제공한다. 다른 단서 체계와 같이, 사물 단서는 아동과 상호작용하는 모든 사람이 정확하고 일관성 있게 사용하여야 한다. 제8장의 '문해출현 지도'에서 논의하듯

시작하기
- 아동의 루틴과 선호하는 활동을 조사하고 선택한 활동들을 표현하는 데 필요한 사물 단서를 확인한다.
- 사물은 아동의 촉각적 관점에서 선택한다(즉, 아동의 경험에 바탕을 두고). 예를 들어, 쉬는 시간을 위한 사물 단서로 그네를 표현하는 체인의 일부를 선택할 수 있는데, 아동이 그네를 탈 때 손을 잡고 있는 부분이기 때문이다.
- 처음에는 2~5개 정도의 사물로 시작해서 아동이 사물이 나타내는 바를 이해해 나가는 것을 보면서 점차 그 개수를 늘린다.

기억할 점
- 사물은 아동에게 적절하고 쉽게 인지될 수 있어야 하며, 흥미로운 것이어야 한다.
- 아동과 함께 사물을 사용하면서 공동촉각주의와 촉각 모델링을 통해 대화를 만들어 간다.
- 활동을 나타내는 사물은 활동을 시작하면서 도입하고, 활동하는 동안에는 대화의 일부분, 그리고 활동 마지막엔 활동이 끝났다는 것을 신호하기 위해 사용한다.

이 사물을 활동이나 아동의 경험을 주제로 한 대화를 하는 데 사용할 수도 있고 아동의 문해기술을 촉진시키기 위한 책을 만드는 데 쓰일 수도 있다. '사물 단서 이용하기'는 좀 더 많은 아이디어를 제시한다. Sally의 사례에서는 중복장애가 있는 유치원생 Sally가 사용하는 여러 가지 사물 단서와 기존 의사소통 옵션을 보여 줄 것이다.

(2) 사례: Sally

Sally는 쌍둥이 동생 Yvonne과 함께 집 근처 유치원에 다닌다. 부모는 둘이 함께 같은 유치원에 다니게 되어서 좋아한다. 쌍둥이 자매는 예정일보다 빨리 태어나 생후 몇 달만에 Sally는 미숙아 망막증(retinopathy of prematurity: ROP)을 가진 것으로 진단되었다. Sally는 광각을 하고, 경도의 뇌성마비와 함께 발달 지체를 보이고 있다. 말을 하지 않지만 좋아하는 것을 보면 웃고 입으로 소리를 내서 표현한다. 동생과 함께 장난감 수레를 타거나 그네타기, 수영장에서 물장난 치기 같은 동작 활동을 좋아한다. 걸을 때는 워커에 의지한다. 장난감이나 사물을 주면, 대개 잡고 나서 자신의 몸 뒤로 던져 버리거나 가까운 바닥에 쾅하고 쳐 버린다. 그래서 손목이나 팔꿈치를 지지해 주어 사물을 다루고 탐색할 수 있도록 도와줘야 한다. 예를 들어, 도와주면 공을 작은 상자에 넣어 멜로디가 나오게 할 수 있고 놀이 찰흙을 가지고 놀 수 있다. Sally는 노래, 소리 게임, 그리고 악기 소리에도 반응한다. 음악 시간과 창의놀이 활동 시간 동안 '음메~'와 같은 동물의 울음소리를 모방하는 것이 관찰되기도 하였다. Sally의 교육팀은 시각장애 전공 교사, 통합교육 전문가, 그리고 언어재활사로 꾸려졌다.

교육팀은 Sally가 촉각 전략을 사용할 수 있도록 하는 계획을 세우고자 만났다. 팀은 사물을 이용해서 학교에서의 루틴을 위한 학급 시간표를 만들고, 같은 반 학생들과 서비스 제공자를 위해 단서를 확인하고, 음성출력장치와 함께 사용할 수 있는 표현의사소통을 도와줄 빈도가 높은 단서와 수화를 확인하고 싶어 했다. Sally가 청력 손실은 없지만 말소리에 대한 Sally의 반응은 일관되지 않고 구어를 잘 이해하지 못해서 음성출력장치와 더불어 다른 의사소통 방법이 사용되고 있다. 〈표 5-5〉에서 〈표 5-7〉까지 Sally와 같이 시각중복장애를 가진 아동과의 대화를 보완해 주기 위해 일상적 활동 동안에 쓰이는 사물단서와 수화의 확인과 선정에 대한 제언이 제시되어 있다. Sally는 또한 사회적 상호작용 맥락과 공동촉각주의 상황에서의 풍부한 언어 환경에 참여해야 한다.

표 5-5 ● Sally의 의사소통 상대자를 위한 단서의 확인

Sally의 의사소통 상대자	단서 확인
Dora(반 친구)	안경
교사	손목시계
보조원(Mary)	Sally의 몸 위에 M 수화하기 (Mary의 약자)
시각장애학생 지도 교사	커다란 점자 브로치
언어재활사	Sally의 손바닥에 손가락 두드리기

표 5-6 ● 유치원 활동 스케줄을 위한 사물 단서

활동	사물
아침 모임	교실 바닥 카펫 조각
읽기 코너	점자책 일부(Sally가 점자를 아직 읽지는 않지만)
수학 코너	셈하기용 플라스틱 페그
미술 코너	찰흙 등(미술 프로젝트에 따라 변화)
음악 코너	작은 리듬 악기
도서관	오디오 테이프
컴퓨터	CD

계속 〉〉

체육	작은 빈백(bean bag)
간식	빈 간식 주머니
화장실	작은 타일 조각
쉬는시간	그네에 달린 체인 조각

표 5-7 ● 유치원에서 책을 함께 읽는 Sally와 친구 Dora

촉각 전략	의사소통 상대자	아동의 기대	아동에게 주는 반응
사물 단서	Sally에게 교사는 점자가 찍힌 종이와 CD를 제시하며 '읽기코너'와 '컴퓨터' 중에서 선택하라고 한다.	손목을 지지해 주면 점자 종이와 CD를 다룬다. 아동은 점자 종이가 잡기 더 쉽고 친구 Dora와 함께 읽는 것을 좋아하기 때문에 읽기를 선택할 것이다.	교사는 "OK, Dora와 함께 책을 읽고 싶은 거지?"하고 반응한다. 교사는 Sally가 책이 있는 곳으로 워커를 밀고 가서 소파에 앉도록 도와준다.
손 아래 손 안내 사물 확인 단서	Dora는 Sally의 손을 만지며, "안녕, Sally"라고 말하고, 자신의 안경을 Sally가 만질 수 있도록 '손 아래 손 안내'를 한다.	Dora의 안경을 만지고, 웃으며, 소리 낸다.	
촉독 수화	Dora는 동물에 관한 책을 Sally의 무릎에 올려놓고 '책'을 촉각적으로 수화한다.	Sally는 책을 무릎에 놓도록 해 주고 책을 만져 넘기며 누름단추를 찾는다.	교사는 Sally가 책을 펴도록 격려하고 손목에 촉진을 주어 누름단추를 누르도록 한다.
공동 촉각 주의	Dora는 Sally의 손옆에 자신의 손을 놓아 Sally의 손 움직임을 모방하고 동물 울음소리를 모방한다.	동물의 소리를 모방한다. 페이지의 끝을 잡거나 만지고 소리나는 방향으로 머리를 움직인다.	교사는 Sally와 Dora와 함께 동물 소리를 모방한다.

신체적 촉진	교사는 손목 촉진을 이용해서 Sally가 페이지를 넘기도록 격려한다. Dora와 Sally는 번갈아 가면서 누름단추를 누른다.	교사의 손 위에 손을 올려 놓으며 동물의 소리를 모방한다. Dora 손에 자신의 손을 계속 가까이 두고 번갈아 가면서 누름단추를 누르고, 다 읽은 책을 집는다.	교사는 촉독 수화와 말을 사용해서 동물들을 명명하고 책을 다 읽을 때까지 동물의 울음소리를 낸다.
촉독 수화	Dora는 "책 다 읽었다."라는 말과 함께 촉독 수화를 하고 책을 덮는다.	Sally는 책을 책장에 가져간다.	교사는 "책장에 책을 갖다 놓자."라는 말과 촉독 수화를 한다.

(3) 선택된 촉각 전략

앞에서 보여 주는 여러 가지 접촉 단서, 사물 단서, 촉독 수화와 더불어 다른 촉각 전략들도 Sally와 같은 아동들에게 사용될 수 있다. 공동촉각주의는 아동들 간의 상호작용을 촉진하며 '손 아래 손 안내'와 촉각 모델링은 사물의 조작과 탐색을 돕는다. 예를 들어, Sally의 반 친구는 자기 손을 Sally의 손 바로 옆에 놓고 Sally의 손 동작을 모방하면서(공동촉각주의) Sally와 함께 피아노를 치자고 할 수 있다. 교사는 Sally의 두 손을 놀이 찰흙을 가지고 노는 방법을 보여 주고 있는(촉각 모델링) 다른 아동의 손 위에 얹게 하여 여러 가지 찰흙놀이 방법을 배울 수 있게 격려한다.

3) 질감 상징

질감 상징(textured symbols)은 사람, 사물, 그리고 활동과 연합하는 촉각적으로 두드러진 3차원적 인공적 표상이며 수용 및 표현의사소통에 쓰인다. 이 상징들은 아동 개개인을 위하여 개별화되며 추상적(참조물과 관련이 없는)이거나 형상적(참조물과 매우 관련이 있는)일 수 있다. 질감 상징은 신호, 말, 그래픽 양식을 사용하지 않는 아동을 위해 휴대 가능한 수용 및 표현 의사소통 수단을 제공한다.

질감 상징은 농-맹 장애를 가지고 있고 다른 의사소통 수단을 극히 제한적으로만 사용하는 좀 더 성장한 학생들에게 성공적으로 사용되어 왔다(Murray-Branch & Bailey,1998). Murray-Branch, Udvari-Solner, 그리고 Bailey(1991)는 농-맹 장애와 중도의 인지 장애 및 매우 제한적인 표현의사소통을 하던 두 명의 학생(15세와 27세)이 사용하는 질감 상징을 평가하였다. 질감 상징은 개인의 선호와 능력에 따라 개발되었고 체계적 교수를 통해 도입되었다. 약 3개월 동안의 자연스러운 기회를 이용한 교수 이후, 두 명의 학생은 요구하기와 선택을 표현하기 위해 여러 가지 질감 상징을 사용한다는 것을 보여 주었다. 다음은 질감 상징의 예들이다.

- 인공 잔디 조각은 '쉬는 시간'을 나타낸다.
- 접착제가 딱딱하게 굳은 점들이 있는 마분지는 '초콜릿 푸딩'을 나타낸다.

- 수영 모자에 붙어 있는 고무 물질 조각은 '수영하러 가자.'를 나타낸다.

질감 상징물의 질감이 분명하다면 손으로 세심하게 탐색하지 않고도 쉽게 인지될 수 있다(예: 마분지 위에 약 0.6cm의 높이로 도드라진 점들이 1.5cm 간격으로 배열되었거나 소포를 포장하는 에어캡 조각). 질감(texture)은 표면에 고르게 분포되기 때문에, 질감 상징은 특정한 방향으로 제시될 필요는 없으며, 아동 역시 상징을 촉각적으로 탐색하기 위해서 특정한 참조점이 필요하지는 않는다. 반면에, 질감 상징은 나타내고자 하는 참조물의 속성을 반드시 가지고 있지는 않으며 참조물과 명료한 지각적 관계를 가지고 있지도 않다. 질감 상징은 중복장애아동을 위한 의사소통 수용과 표현 모두에 사용될 수 있다. 보다 자세한 아이디어를 위해 '질감 상징 사용에 대한 제안'을 참고하라.

● 질감 상징 사용에 대한 제안

질감 상징이 아동의 수용 및 표현의사소통에 효율적인 수단인지 확인한다. 효율적인 것이라면, 선정된 질감 상징을 아동과 함께 사용하면서 공동촉각주의와 촉각 모델링을 통해 대화를 해 나간다. 다음의 고려사항은 Murray-Branch와 Bailey(1998)가 제안한 것이다.

1. 질감 상징을 선택할 때에는 아동의 선호와 변별 능력을 고려한다. 선택된 질감 상징은 촉각적으로 분명하며(쉽게 인지되는) 다른 물체와 구별될 수 있어야 한다. 질감 상징은 크기를 줄이거나 방향에 상관없이 명료성과 동질성이 유지되어야 한다.
2. 각각의 질감 상징 위에는 의도하는 메시지를 잘 보이도록 써 놓아서 모든

의사소통 관계자들이 의사소통 의도를 명확히 할 수 있도록 해야 한다.
3. 강화 효과가 높고 매우 구체적인 참조물(예: A회사의 크래커)을 선택한다. 참조물을 나타내는 질감 물체(예: 접착제가 말라 사각형의 도드라진 점들이 있는)를 일관된 루틴 동안(예: 간식 시간)에 도입한다. 아동이 원하는 참조물을 가질 수 있을 때마다 이 상징을 제시한다.
4. 처음엔 질감 물체를 크게 하여(예: 20cm×25cm) 아동이 쉽게 만질 수 있게 한다. 아동이 해낼 수 있는 동작으로 시작한다(예: 질감 물체 위에 손을 얹기). 아동이 의도했든 우연히 그랬든 상관없이 질감 상징과 어떠한 접촉을 했을 때마다 실제 참조물을 주도록 한다. 아동이 상징을 일관되게 접촉하게 되면 질감물의 크기를 줄여 나간다. 개인의 요구와 능력에 따라 질감물의 크기가 최종적으로 결정된다.
5. 질감 상징을 하나씩만 도입한다. 아동이 새로운 상징의 의미를 이해한다면, 다른 상징과 함께 제시하여 선택하게 할 수 있다.
6. 알루미늄 호일로 참조물이 없는 상징을 사용하여 아동이 선택할 수 있게 한다. 알루미늄 호일은 대개 표면이 매끄럽고 평평하며, 다른 질감물과 같은 크기로 만든다. 아동이 알루미늄 호일을 선택하게 되면 이는 아무것도 아니라는 뜻이 되므로, 아동의 손을 상징물로 부드럽게 안내하여 참조물이 있는 질감물을 선택할 수 있도록 한다. 시간이 지남에 따라, 아동은 분명한 참조물이 있는 질감물에 주의를 더 기울이게 될 것이다.
7. 아동의 쓰임새에 적합한 여러 가지 참조물을 표현하기 위해 질감 상징물의 수를 점차 늘려간다.

4. 요 약

의사소통은 아동이 자신을 둘러싼 세상을 이해하는 데 가장 중요한 도움을 준다. 아동은 수용의사소통으로서 여러 가지 촉각적 정보를 받아들이며 메시지를 표현하기 위해서 다양한 행동을 한다. 수용 및 표현의사소통을 돕는 수단으로서 몇 가지 예가 이 장에서 소개되었다. 가장 효과적인 의사소통 전략은 아동마다의 독특한 특성에 기초하여 개별적으로 결정된 것이다. 한 명의 아동에게 사용할 옵션을 한 가지만 결정할 필요는 없다. 대신 여러 가지 가능성의 이점을 활용하는 것이 좋다. 목표는 의사소통 상호작용을 가능한 한 명료하게 하는 것이다. 다음 장에서는 촉각적 상호작용을 위한 부가적 양식으로서 수화의 사용에 대해 다룰 것이다.

제6장

아동의 요구에
부응하기 위한 수화의 응용

제6장
아동의 요구에 부응하기 위한 수화의 응용

시각과 청각 모두에 손상이 있는 아동에게 미국 수화는 주로 시각적이고 매우 추상적이어서 적절한 의사소통 체계가 되지 못한다. 이 장에서는 시각장애 또는 농–맹 장애를 가지고 있고 부가적인 지체 및 인지장애를 함께 가지고 있는 아동들을 위한 중요한 의사소통 옵션으로서 수화를 응용하는 방법을 논의한다.

1. 미국 수화

미국 수화(ASL)는 시각에 바탕을 둔 언어 체계로서 미국의 농문화(Deaf culture)에 속하는 농인들의 자연스러운 언어이다. 건청 아동들이 그들의 건청 가족에서 말을 배우는 것처럼 농인 부모를 둔 농 아동들은 어릴 적부터 ASL을 배운다. ASL은 영어

와는 다른 독자적인 구문론과 문법 규칙을 갖는 언어다. ASL의 음운 체계는 네 개의 복잡한 요인으로 이루어져 있다. 수화를 하는 사람의 손 모양이나 형태, 몸과의 관계 속에서 손의 방향, 한 지점에서 다른 지점으로 이동하는 손의 움직임, 그리고 수화가 만들어지는 몸의 위치 또는 공간에서의 표현 장소를 바탕으로 상대방은 수화를 보고 확인한다(Fisher & Siple, 1990; Klima & Bellugi, 1979). Signing Exact English(SEE)와 영어를 위한 기타 수지 부호와 같은 수화 체계는 영어의 구문론과 ASL의 일부 수화 표현에 바탕을 두고 있다(Vernon & Andrews, 1990). 이러한 체계들은 말, 읽기, 쓰기와 같은 영어 기술을 아동들이 배울 수 있도록 돕기 위해 교수 프로그램에서 쓰인다.

수화 획득은 수화의 지각적 명료성 정도, 그리고 수화와 수화의 회상을 도울 수화 의미 간의 연합에 달려 있다고 연구들은 밝힌다(Griffith & Robinson, 1980; Griffith, Robinson, & Panagos, 1983). 그러한 연합은 수화와 그 참조물 간의 외형적 유사성에 바탕을 두기보다는 개인의 경험에 영향을 받는다. 수화의 촉각적 형상성을 연구한 Griffith, Robinson 그리고 Panagos(1983)는 정안 아동과 성인, 건청 아동과 성인 그리고 농 성인에게 형상성이 높다고 평가된 수화들은 맹 성인들에게도 형상적이어서 촉각적으로 지각되었다고 밝혔다. 수화의 형상성 정도는 지적 장애아동들이 얼마나 쉽게 수화를 획득할 수 있는지 예측할 수 있는 것처럼 보인다(Griffith & Robinson, 1980). 이 연구자들은 형상성이 높은 수화들은 쉽게 배울 수 있는데, 그 이유는 명료성이 높은 개념을 표상하며 나타내고자 하는 행동이나 사물과 모습이 비슷하게 보이고 그렇게 느껴지기 때문이라고 결론지었다. 초기의 수화 어휘는 대안적 의사소통 양식이 필요한 중복장애아동에게 가장 의미 있는 개념에 초점을 맞추어야 한다고 연구 결과들은 제안한다.

Kahn(1996)의 연구에서 34명의 중도 및 최중도 지적장애아동들에게 수화를 가르쳤는데 극히 일부 아동만이 수화를 표현할 수 있었다. 이러한 결과는 추상적 수화를 성공적으로 배우기 위해서는 어느 정도의 인지 기능이 있어야 한다는 것을 시사한다. 더불어 수화의 사용과 의미를 일반화하기 위해서는 직접교수 시간만으로는 충분치 않고 하루 일과에 걸쳐 여러 다른 활동들을 하는 동안에 수화를 사용하는 것이 중요하다는 것을 강조하는 것이다.

2. 수화의 응용

수화는 의사소통 수단이 제한적인 장애아동의 학습요구에 맞게 응용되어 사용되어져 오고 있다. 아동이 시각과 청각 모두에 손상이 있는 경우 정보 획득을 위한 아동의 시각 및 촉각 수단의 요구에 따라 수화의 적절한 수정이 필요할 것이다 (Blacha & Carlson, 1996; Thestrup & Anderson, 1994). 농-맹 장애 또는 시각 중복장애아동에게 흔히 적용되는 세 가지 응용 방법이 있는데, 아동의 몸 위에 수화하기, 아동이 함께 수화하도록 돕기(즉, 아동이 수화를 할 수 있도록 안내하기) 그리고 아동이 촉각적으로 알아차릴 수 있는 수화하기다.

　이러한 응용된 수화의 입력과 산출을 구별하는 것은 중요하다. 의사소통 상대자가 아동의 몸 위에 수화를 한다면(입력), 아동은 수화 수용자(청자)가 된다. 의사소통 상대자가 아동이 함께 수화를 하도록(산출) 돕는다면, 아동은 수화 생산자가 되는 것이다. 촉독 수화 상황에서, 수화 생산자(의사소통 상대자)는 수화를 하고 수화 수용자(아동)는 메시지(입력)를 받기 위해 화자의 한 손 또는 양손에 자신의 한 손 또는 두 손을 얹는다. 수화의 관습적 사용이 아동의 시각 손상에 맞추어 수정될 때마다, 아동은 하나의 수화 표현과 다른 수화 표현을 구별 짓고 네 가지 요인(손의 모양, 방향, 위치, 동작) 모두를 촉각적으로 인지할 수 있는 부가적인 기회를 반드시 가져야 한다. 이런 기회 없이는 아동이 수화를 구별하고 인식하여 이해하는 것이 어려울 뿐만 아니라 그 의미도 매우 제한적이거나 부정확하게 된다. [그림 6-1]부터 [그림 6-3]은 '미끄럼틀'을 몸 위에 수화로 표현하는 것([그림 6-1]과 [그림 6-2])과 촉독 수화([그림 6-3])로 표현하는 예를 보여 준다. 아동은 함께 수화를 하고 촉독 수화를 구별하여 인지할 수 있는 충분한 신체 움직임과 기민성을 가지고 있어야 한다.

　수화가 효과적인 시각적 의사소통 수단으로서 개발되었다는 것을 감안한다면 시각 체계의 촉각적 수정은 조심스럽게 계획

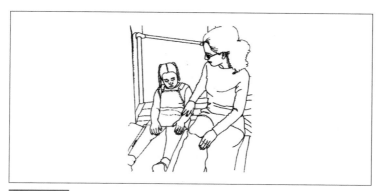

그림 6-1 신체 위 수화 시작하기: 미끄럼틀

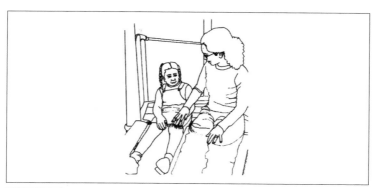

그림 6-2 신체 위 수화 완성하기: 미끄럼틀

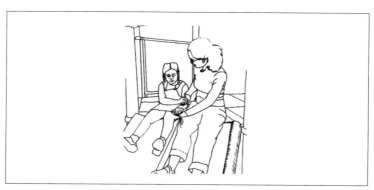

그림 6-3 촉독 수화: 미끄럼틀

되고 실행되어야 하는데 아동이 이제 막 언어를 습득하고 있는 경우엔 더욱 그러하다. 서비스 제공자와 가족으로 이루어진 각 아동의 교육팀은 농-맹 아동을 위한 효율적인 의사소통 방법으로서 응용된 수화가 효율적인지를 평가하여야 한다. 건청 의사소통 상대자는 응용된 수화를 하는 동안에도 아동에게 자연스럽게 말을 계속 해 주어서 상호작용의 자연스러운 특성을 유지하고 아동이 조금이라도 들을 수 있다면 이해할 수 있도록 부가적인 청각 언어를 제공해야 한다.

1) 신체 위 수화

'신체 위 수화(signs on body)'는 표준 수화의 하나로서 수화를 하는 사람이 수화 수용자의 몸 위에 직접 수화를 해 주는 것이다. 이러한 수정된 방법은 '신체 기반 수화(body based signs)'와 '신체 수화(body signs)'로도 명명되어 왔다. 미국의 서비스 제공자 사이에서도 이러한 수화의 촉각적 수정이 진정한 상징인지 아니면 단지 접촉 단서에 지나지 않는지에 대해 어느 정도 논란이 있다. '신체 위 수화'는 농-맹 아동과 시각적으로 보이는 수화를 볼 수 없는 아동 그리고 촉독 수화를 인지하는 데 어려움이 있는 아동의 수용의사소통을 발달시킬 수 있도록 돕기 위해 사용되어 왔다(Chen, 1999; Joint, 1998). 호주와 스코틀랜드에서는 신체 수화(body signs)가 농-맹 아동 또는 시각 중복장애아동들에게 광범위하게 적용되어왔다(Joint, 1998; Lee & MacWilliam, 2002). 연구에 의하면 농인 엄마는 일부 수화를 자연스럽게 아기의 몸 위에 바로 해 주는데(Maesta Y Moo-res, 1980; Spencer, 1991; Spencer, Bodner-Johnson, & Gutfreund, 1992), 이런 촉각적 상호작용은 아기가 부모에게 관심을 보이고 부모와 함께 주의를 기울이게 하는 역할을 한다. 일부 농-맹장애아동의 가족과 서비스 제공자들은 아동의 몸 위에 수화를 하기 위해 수정한 수화를 사용했다.

농 영아, 정안 영아, 그리고 저시력 아동들은 수화가 일반적인 형태로 만들어지면 수화의 네 가지 요인(수형, 수향, 수위, 수동) 모두를 볼 수 있다. 수화를 하는 사람이 아동의 몸 위에 수화를 하게 되면, 그 사람은 상징을 통해 의사소통하는 것이 된다. 수화를 하는 사람이 앞을 볼 수 없는 아동의 몸 위에 수화를 한다면, 그 아동은 수화의 위치와 아마도 수화의 움직임(접촉 단서와 비슷하게)은 감지할 것이지만 수향이나 수형(상징의 특징들)에 대한 정보를 얻지 못할 것이다. 따라서 이 아동은 다른 형태의 수화 사용(즉, 공동 수화와 촉독 수화 그리고 필요한 경우 시각적 수화)을 통해 이러한 상징들과 그들의 의미를 알 수 있도록 하는 게 매우 중요하다.

다음은 수화가 어떻게 아동의 몸 위에 제시될 수 있는지 몇 가지 예를 보여 준다.

- 일어서다: 수화를 하는 사람은 검지와 중지의 끝을 아동의 손바닥 위에 올려놓는다(아동은 손가락 위에 두 개의 정적인 압력점을 느낀다.).

- 잠자리에 들 시간: 수화를 하는 사람이 손바닥을 아동의 **뺨** 위에 올려놓는다(아동은 자신의 **뺨** 위에 놓인 손을 느낀다.).
- **목욕**: 수화를 하는 사람이 꽉 쥔 손의 손가락 마디를 아동의 가슴에 대고 문지른다(아동은 가슴 위에서 무언가 문지르는 움직임을 느낀다.).

수용의사소통 양식으로서 신체 위에 수화를 하는 것은 어느 정도 한계가 있다. 모든 수화가 신체 위에 수화로 표현될 수 있는 것이 아니다. 몸 위에 놓일 수 있는 손의 모양과 관련 있는 것은 가능하지만 공간을 이용해 표현되는 것은 어렵다. 특정 신체 부위에서 표현되는 수화는 서비스 제공자에게 신체적으로 '금지' 될 수도 있다(예: 나이가 어느 정도 된 소녀의 가슴 위에 '목욕' 이라고 표현하는 신체 수화). 앞서 논의했듯이, 맹 아동은 자기 몸 위에 표현되는 수화를 접촉 단서의 하나로 감지할 가능성이 있다. 예를 들어, [그림 6-4]와 [그림 6-5]처럼 '사탕' 과 '야채' 라는 수화는 수위(손을 뺨에 댐), 수향 그리고 수동(뺨에 대고 있는 동안 손을 시계방향과 반대 방향으로 돌림)이 같고 수형(각각 손의 모양이 'V'와 'I')만 다르다. 아동은 두 수화 모두 뺨 위에서 회전되는 손가락의 압력점을 느끼게 될 것이다. 아동은 몸 위에서 만들어지는 수화의 수형을 손으로 만져 느끼도록 해 주었을 때에만 '신체 위 수화' 의 상징적 이해를 갖게 될 것이다. 그렇지 않으면, 아동은 이러한 신체 수화와 기대되는 결과에 관해 좌절하고 혼란스러워질 것이다. 공동 수화 또는 촉독

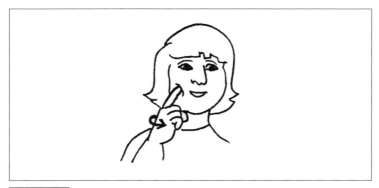

그림 6-4 수화: 사탕–검지를 뺨 위에 대고 손을 돌린다.

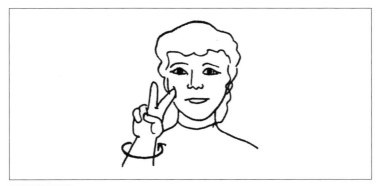

그림 6-5 수화: 야채– 'V' 자 모양의 검지 손끝을 뺨에 대고 돌린다.

수화를 통한 부가적인 수화 경험은 수화의 다른 두 가지 요인 (즉, 수형과 수향)들을 배우는 데 필수적이다.

'신체 위 수화 사용을 위한 제언'에 더 자세한 아이디어가 있다.

의사소통을 정말로 이해하는 사람들은 거의가 자연스럽게 몸 위에 수화(signs)를 한다. 그런 수화를 좀처럼 자연스

럽게 하지 않는 사람들은 도대체 어떻게 그리고 왜 하는지
를 이해하지 못할 것이다.   - M. Belote

'신체 위 수화' 가 접촉 단서와 다른 점은 아동의 몸 위에 만

● 신체 위 수화 사용을 위한 제언

1. 아동의 몸 위에 수화를 해 주는 것이 아동의 수용의사소통에 도움이 될
   지, 아동이 혼란스러워 할지 아니면 분명히 전달될지, 아동이 이러한 촉
   각적 상호작용을 받아들일지 아닐지를 결정한다. 이러한 과정은 아동의
   신체 위에 만들어지는 수화에 대해 아동이 어떻게 반응하는지에 대한
   세심한 관찰이 필요하다.
2. 몇 개의 수화를 설정하여 아동의 몸 위에서 어떻게 표현할 것인지를
   결정한다. 가능하다면 다른 사람에게 먼저 해 보고 피드백을 받는다.
3. 아동이 수화를 표현하고자 할 때 아동이 주로 사용할 것 같은 신체 부
   위에 대고 수화를 한다. 예를 들어, '엄마' 라는 수화 표현을 아동의 턱
   에 엄지를 접촉하여(제5장의 [그림 5-3]처럼) 한다. 아동은 턱 위에 엄
   지의 압력을 느끼게 된다.
4. 대부분의 경우, 확실한 접촉('서다' 는 손바닥 위에 두개의 견고한 압력
   점이 있다.)을 하는 '신체 위 수화' 를 아동이 더 쉽게 감지한다. 아동의
   신체 부위 중 아주 서로 다른 부위에(예: 팔 위, 얼굴) 만들어지는 몇 개
   의 수화로 먼저 시작하여 아동이 쉽게 구별할 수 있도록 한다. '신체
   위 수화' 는 또한 반드시 다른 신체적 접촉과 쉽게 구별될 수 있는 것이
   어야 한다.
5. 가능하다면, 아동이 자신의 몸 위에 수화가 만들어질 때 수화 생산자의
   한 손 또는 두 손을 인지하도록 격려해서 아동이 수화의 모든 특징적
   모습을 촉각적으로 감지할 수 있게 한다([그림 6-6] '신체 위 수화' : 사
   탕).
6. 아동이 심한 신경학적 손상이 있다면 수화가 아동의 몸 위에 만들어지
   는 방식(즉, 접촉의 유형, 손의 위치와 움직임)은 반드시 평가를 거쳐야
   하고 물리치료사 및 작업치료사와 협의해야 한다. 선택된 '신체 위 수
   화' 는 반사 반응을 유발하거나 아동을 놀라게 하는 원인이 되어서는
   안 된다.

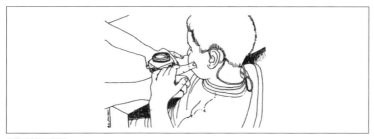

그림 6-6 신체 위 수화: 사탕

들어지는 표준 수화라는 것이다. '신체 위 수화'는 단어를 표
현하는 추상적 상징인데 비해, 접촉 단서는 아동의 신체 위에
만들어지는 개별화된 신호(signals) 또는 촉진(prompts)이다.
　다음은 어느 학자의 말이다.

　　아동이 자신의 신체 위에 만들어지는 수화를 감지하고 인
　　식하게 되는 것은 그것이 하나의 분명한 접촉이고 움직임이
　　기 때문이다. 반면에 공동 수화(coactive signs)와 촉독 수화
　　(tactile signs)는 여러 접촉과 움직임이 관여되어 접촉을 통해
　　의사소통하는 것을 배우는 어린 아동들이 그 의미를 알아차
　　리기에는 너무 복잡하다(S. Joint, 개인적 의사소통, 2003. 2.
　　24).

　'신체 위 수화'는 저시력 아동들에게도 사용될 수 있다. 아동
이 수화를 볼 수는 있지만 어떤 수화의 경우엔 시각적 추적에
어려움이 있다면, 그런 수화 표현들과 기타 핵심 단어들이 '신

2. 수화의 응용 | **207**

체 위 수화'로 표현될 수 있다. Rafalowski Welch는 다음과 같이 설명하였다.

> 저는 시야가 매우 제한적인 남자아이에게 여러 가지 '신체 위 수화'를 사용했습니다. 그 아이는 제가 하는 수화를 시각적으로 추적할 수 있었지만, 수화표현이 아이의 시야를 벗어나게 되는 것이라면 그 수화표현을 아이의 몸 위에 해 주었습니다(예: '개'의 수화표현)(T. Rafalowski Welch, 개인적 의사소통, 2004. 8. 24).

'신체 위 수화'의 사용은 아동과의 접촉과 의사소통을 촉진하여 아동을 촉각적 의사소통의 다른 형식(예: 공동 수화 또는 촉독 수화)에 준비하도록 도와준다. 일부 아동은 자신의 손을 수화의 동작에 맞춰 움직이거나(공동 수화) 수화 생산자의 손 위에 자기의 손을 얹는 것(촉독 수화)보다 자신의 몸 위에 만들어지는 수화를 더 잘 받아들일 수 있다. 아동이 사물을 탐색하고 있을 때, 어떤 활동을 하고 있을 때, 또는 감정을 표현하고 있을 때 아동의 몸 위에 수화를 해 줄 수 있는데, 이는 아동의 주의 집중, 활동, 손의 사용을 방해하지 않고서도 수화의 의미를 참조물과 동시에 연결될 수 있게 해 준다. 수화 응용 방법의 하나로서의 '신체 위 수화'는 개별 아동의 의사소통 발달을 돕기 위한 기타 의사소통 옵션들과도 적절히 어울릴 수 있는 하나의 촉각적 의사소통 옵션이다.

다음은 '신체 위 수화'를 사용할 때 수화 생산자가 유념해야 할 핵심적인 내용들이다.

- 아동과의 상호작용을 존중하고 아동의 신호에 반응해 준다.
- '신체 위 수화'는 아동의 학습 요구에 맞고 효율적인 의사소통 양식인 경우에만 사용한다.
- 아동이 수화 생산자의 손 모양을 탐색할 시간을 주고 이런 탐색을 격려하며 아동이 수화 생산자의 수형과 다른 특성들에 대한 촉각적 정보를 얻을 수 있도록 도와준다.

2) 공동 수화

공동 수화(coactive signs)는 van Dijk의 '공동 움직임(coactive movement)', 즉 함께 움직인다는 용어에서 비롯되었다(Alsop, 2002; MacFarland, 1995; van Dijk, 1966). 수화는 아동과 함께 만들어진다(즉, 아동의 한 손 또는 두 손을 신체적으로 안내하여 표현의사소통을 위해 표준 수화를 할 수 있도록 촉진하는 것). 공동 수화의 의도는 농-맹 아동이 수화를 하고 농-맹 성인들끼리 서로 대화를 주고받을 때 사용하는 촉독 수화를 발달시키는 것이다(Watkins & Clark, 1995). 다음은 공동 수화 사용의 몇 가지 예들이다.

- 3세 Mariko는 그네 위에 앉아 있다. Mariko는 그네가 멈추면 다리를 흔든다. 오빠는 Mariko의 두 손을 잡고 두 손의

모양이 'O'와 같이 되도록 구부리고 두 손을 맞두드려, "오케이, 그네 더 타고 싶구나? 내가 밀어줄게."라고 말하면서 "더."라는 수화 표현을 한다.

- 10세 Carlos는 점심식사 테이블에 앉아 있다. Carlos는 쟁반 위에 자기가 먹은 우유가 있는지 찾지만 찾을 수 없어서 선생님을 톡톡 건드린다. 선생님은 Carlos의 손을 잡고 '우유'라는 수화를 함께 하도록 안내하고(아동의 수형은 교사의 수형과 비슷하다.) "우유는 카운터 위에 있어. 가져 오렴."이라고 말하는 동시에 "우유, 카운터, 위, 가져와."라는 수화를 하는데 Carlos는 교사의 손동작을 느낀다(촉독 수화).

SKI*HI 연구소는 공동 수화 비디오를 개발하기 위한 방대한 전국적 프로젝트를 수행했다(Watkins & Clark, 1991). 이 프로젝트는 문헌 연구와 INSITE 프로젝트의 가정 자문가(감각장애와 중복장애가 있는 유아들을 위한 가정 중심 중재를 채택한 주의 조기교육 전문가)와 주의 기술지원 농-맹 프로젝트로부터의 자문을 바탕으로 가장 흔히 사용되는 400개의 단어들을 확인하였다. 이 400개 수화 중 72개(18%)를 수정하여 촉각적으로 분명하고 형상성을 갖게 하여 쉽게 표현할 수 있도록 하였다. 공동 수화 지도 수업을 비디오로 촬영하여 미국과 캐나다에 걸쳐 150명의 부모와 전문가의 검증을 거쳤다. 수정된 수화가 ASL 사용자들에게도 인식될 수 있는지를 알아보기 위해 ASL을 사용하는 농인과 건청인들이 평가하였다. 극히 일부만이 알아보기 어렵다는 평가 결과가 나왔다. 이 프로젝트는 기능, 촉각적 현저성, 형상성 그리고 표현의 용이성에 따라 선정된 공동 수화를 여러 가지 비디오테이프로 제작하였다.

공동 수화는 시각장애아동 또는 시각적인 주의를 못하지만 촉각적으로 수화를 인지할 수 있는 아동들의 표현의사소통을 도울 수 있다. 공동 수화는 표현의사소통을 촉진하는 촉각-운동감각적 모델을 제공한다. 공동 수화는 두 손을 쥐거나 조작하지 못하고 또는 팔과 손의 움직임에 제한이 있는 아동들에게는 효과적이지 못할 수 있다. Joint에 의하면,

공동 수화를 촉진하기 위해 어떤 사람을 아동 바로 뒤에 있게 하는 것이 일부 아동들에게는 무섭거나 혼란스러울 수 있다. 이 아동들은 자신의 손이 너무 심하게 다루어지는 것처럼 느낄 수 있다. 아동이 공동 수화의 목적을 이해하지 못한다면 공동 수화를 촉진하는 사람을 거부하기 위해 상호작용을 중단하거나 몸을 뒤로 펴버린다는 것을 서비스 제공자들은 알게 되었다(S. Joint, 개인적 의사소통, 2003. 2. 24).

공동 수화는 수화 생산자로서 아동의 이해에 바탕을 두고 만들어져야 한다. 의사소통 상대자가 아동 바로 앞에서 공동 수화를 하도록 돕는다면, 아동이 수화를 정확하고 적절하게 표현할 수 있도록 세심한 주의가 필요하다. 어떤 의사소통 상대자들은

수화의 방향과 동작을 반대로 하고 아동의 관점이 아닌 자신들의 관점에서 수화를 표현하기도 한다. 이렇게 되면 아동은 혼란스러워할 것이 틀림없다. 공동 수화를 하는 초기에 어떤 아동들은 수화를 정확하게 표현하지 못할 수 있는데(예: 수형과 수동의 오류), 이는 자신의 손이 어떤 모양으로 구부러지는 것이 싫을 수도 있고 어떤 수화들은 표현하기 어려운 동작일 수 있기 때문이다(예를 들어, '기다리다'와 같은 표현처럼 손가락의 움직임이 필요한 수화). 처음엔 이런 초기의 부정확한 수화 시도들도 받아들여 줘서 자기의 의사소통이 반응을 얻는다는 것을 아동이 빨리 배울 수 있도록 한다. 그렇지만 아동의 수화 사용이 늘게 되면 보다 정확한 사용을 격려해야 한다. 공동 수화를 할 때의 신체적 안내는 최대한 빨리 감소시켜서 아동이 수화를 할 때 신체적 촉진에 의존하지 않게 해야 한다. 제4장의 '손 위 손 안내'를 참고한다.

동시에 아동의 능력에 적절한 촉독 수화나 시각적 수화에도 노출되어야 한다. 아동들은 의사소통 상대자의 메시지(입력)와 아동의 반응을 이끌어 내기 위한 의사소통 상대자의 노력(산출)을 구별하는 데 어려움이 있을 수 있다. 메시지를 받아들이고 (수용적) 메시지를 전달하는(표현적) 일 모두에 공동 수화를 사용하도록 안내 받은 대로 아동은 번갈아 가며 대화하는 것과 수화 의사소통을 시작하는 것을 어려워할 수도 있다. '공동 수화 사용을 위한 제언'을 보면 공동 수화 도입을 위한 아이디어가 제시되어 있다.

1. 아동의 의사소통 행동(예: 표정, 몸 움직임, 제스처, 발성)을 유심히 관찰하여 그러한 비구어 의사소통 행동의 목적 또는 기능을 확인한다.
2. 아동의 표현의사소통을 돕기 위한 방법으로 공동 수화를 사용할 것인지 결정한다. 수화가 아동에게 의사소통하는 가장 효율적인 수단인가? 수화를 할 때 신체적으로 안내해 주어야 하는가?
3. 공동 수화를 사용하게 된다면, 아동의 의사소통 수단의 확장을 위해 언제 사용되어야 하는지 확인한다. 예를 들어, 아동이 거부의사를 나타내기 위해 음식접시를 밀어 놓는다면, 의사소통 상대자는 아동을 도와 '끝나다' 라는 수화를 함께 할 수 있도록 한다.
4. 핵심 단어들을 표현할 수 있는 공동 수화를 도입하여 아동의 의사소통 행동목록(예: 신호, 제스처, 사물 단서)에 포함되어 있는 행동으로 표현할 수 있도록 한다.
5. 아동에게 전달하는 의사소통 입력과 아동의 의사소통 산출을 구분하고, 공동 수화는 아동이 표현의사소통(산출)을 촉진하기 위해서만 사용한다.
6. 아동의 공동 수화를 촉진하는 사람과 아동은 서로 편안하고 함께 수화를 할 수 있도록 자리 잡는다. 촉진자의 위치는 아동과의 공간적 관계에 따라 다양할 수 있으므로(즉, 아동의 앞 또는 뒤), 촉진자는 아동의 관점에서(즉, 아동의 우세손을 사용하여 그 손의 움직임을 통해 수화를 표현) 수화를 표현해야 한다는 것을 명심한다. 촉진자의 위치는 아동과의 관계 속에서 고려되어야 한다.
7. 수화의 구체적 요인에 주의하고(즉, 수형, 수향, 수동, 수위) 아동이 수화를 정확하게 표현할 수 있도록 안내한다.
8. 공동 수화에 대한 아동의 반응을 관찰하고 아동이 수화 동작을 먼저 주도하기 시작하면 곧 바로 신체적 안내를 줄여 나간다. 예를 들어, '쿠키'의 수화 표현을 위해 아동의 왼손을 펴게 도와주는 한편 아동의 오른 팔꿈치에 촉진을 주어 아동이 오른 손가락으로 왼손바닥을 건드릴 수 있도록 한다. 목표는 아동이 자연스러운 단서에 대한 믿음으로(예: 쿠키 냄새 맡기 또는 쿠키를 먹고 싶어 하기) '쿠키'를 결국 수화로 표현하게 하는 것이다.

3) 촉독 수화

수화는 농-맹 장애인에게 촉각적으로 사용하는데, 주로 수용의사소통 수단의 하나가 된다(Harlin, 1996; Prickett, 1995). 촉독 수화(tactile signs)는 표준 수화 체계에 바탕을 둔 의사소통 방법의 하나로서 수화 수용자의 한 손 또는 두 손이 수화 생산자의 한 손 또는 두 손 위에 가볍게 얹어져 수화를 인지하게 된다. 이런 방법으로 수화 형태의 언어가 농 아동 그리고 수화를 시각적으로 충분히 인지하지 못하는 저시력 아동들에게 접근 가능하게 된다. 청력 손실이 있는 시각장애아동들이 자신들의 손을 수화 생산자의 손위에 얹는 방식으로 대화를 '듣고' 참여하도록 격려하는 것이 중요하다. 아동이 촉독 수화의 의미를 이해하고 수화를 표현할 수 있도록 하기 위해 신체적 접촉을 통해 수화 생산자의 손 움직임을 촉각적으로 '따라' 할 수 있는 기회를 많이 제공해야 한다. 건청 아동들은 자신의 목소리를 사용하여 분명치는 않지만 말을 중얼거리는데, 이는 계속해서 말에 노출되고 있기 때문이다. 농인 부모를 둔 농 아동들도 수화환경에 살고 있기 때문에 손을 사용해서 '중얼거린다'(Petitto & Manentette, 1991). 비슷하게 농-맹 장애를 가진 아주 어린 아동들도 촉독 수화를 통해 언어 환경에 접근하도록 해서 수화 사용과 언어발달을 촉진하게 되는 '중얼거림'과 손 놀이를 발달시킬 필요가 있다.

다음은 촉독 수화를 성공적으로 도입하기 위해 제안되는 방법이다.

① 아동이 수화 생산자의 손위에 자신의 손을 얹을 수 있는 능력과 수화의 구체적인 요인들을 (예: 수형, 수향, 수위, 수동) 촉각적으로 구별할 수 있는 지를 고려하며 촉독 수화가 아동의 수용의사소통을 위해 적절한 방법인지 결정한다.

그림 6-7 촉독 수화: '먹다'

② 아동이 수화 생산자의 손 위에 자신의 손을 가볍게 올려놓을 수 있도록 격려한다. 이렇게 하는 방법을 익히는 데 시간이 다소 걸린다.

③ 촉독 수화가 특정 아동에게 언제 그리고 어디서 이로울지를 확인한다. 아동의 수용의사소통을 도울 수 있는 가장 효과적인 의사소통 양식은 무엇인가? 아

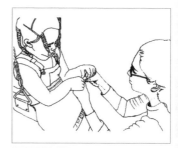

그림 6-8 촉독 수화: '더'

동이 수화를 시각적으로 인지하는 데 충분한 기능적 시각을 갖추고 있는가?

④ 아동의 행동 목록(예: 신호, 제스처, 사물 단서)에 포함되어 있고 의사소통 행동을 명명할 수 있는 핵심 단어를 수화로 도입한다. 아동이 숟가락을 식사시간 단서로 인식한다면, '먹다'([그림 6-7])를 수화로 하고, 그녀가 멈추었을 때 아동이 몸을 흔들면, '더'([그림 6-8])를 수화로 도입한다.

⑤ 수화 도입을 시작하는 핵심 단어는 아동하게 유용하고, 자주 사용되며, 동기 부여가 되며 쉽게 표현하고 구별할 수 있으며, 또 쉽게 이해될 수 있는 것이어야 한다. 수화 표현 동작의 복잡성과 함께 수화가 지체장애가 있는 아동에게 효과적인 의사소통 수단인지를 결정한다.

⑥ B. Miles는 아동의 의사소통 상대자에게 공동촉각주의 시간 동안 아동과 함께 공유할 수 있는 사물, 행동, 활동, 감정 등의 이름을 수화로 표현하는 것을 제안한다. "건청 아동은 처음으로 단어를 말로 표현하기 전

에 수천 아니 수백만 번 단어들을 듣는다는 것을 명심한다면, 농–맹 아동은 수화를 이해하거나 표현하기 전에 의미 있는 수화에 수도 셀 수 없을 만큼 많이 반복적으로 노출될 필요가 있다는 것을 알게 될 것이다."(개인적 의사소통, 2005. 2. 15)

⑦ 아동이 촉독 수화를 참조물(사물, 사람, 활동, 경험)과 연합할 수 있도록 많은 기회를 만들어서 아동이 촉독 수화의 의미를 배울 수 있게 한다. 아동이 여러 활동, 장소, 사람에 걸쳐 촉독 수화의 의미를 두루 일반화할 수 있는 기회를 제공한다.

⑧ 수화를 촉각적으로 좀 더 쉽게 알 수 있도록 필요하다면 표준 수화와 그 표현의 속도를 수정한다. 그렇지만 표준 수화를 수정할 때는 선택적으로 하며 아동이 더 큰 수화 사용 집단과도 계속 의사소통할 수 있도록 한다.

⑨ 아동이 의사소통 과정의 차례 주고받기를 이해할 수 있도록 돕는다(즉, 누가 수화를 표현하고 누가 수화를 받아들이고 있는지). 아동이 수화를 촉각적으로 인지하는 것은 메시지를 받고 있는 것이며, 수화 생산자가 아동의 반응을 기다리고 있다는 것은 배워야 한다. 비상징적 차례 주고 받기 게임(예: '케이크를 두드려요' 놀이)을 하며 아동이 상호작용의 차례 주고받기를 하는 기회를 반복할 수 있도록 한다.

⑩ 의사소통 상대자와 아동은 서로 편안하고 수화 생산자를 편안하게 받아 들일 수 있게 자리 잡는다. 의사소통 상대자의 위치는 아동과의 관계에 따라 다양할 수 있으므로(즉, 아동의 옆 또는 앞), 의사소통 상대자는 아 동의 수화 의사소통 접근을 촉진하여야 한다는 것을 유념한다.

⑪ 일부 아동에게는 촉독 수화가 어떤 상황에서는 필요하지만 그렇지 않은 상황도 있을 것이다. 예를 들어, 수화의 빠른 속도를 따라가기 위해서는 아동이 시각보다는 접촉 방식을 택하거나 주변의 밝기 조건에 따라 두 가지 모두를 택할 수도 있다.

⑫ 촉각 추적(tactile tracking) 기법을 사용하면 시야가 좁은 아동이 수화 생산자의 손이 공간에서 어디에 있는지 어디를 보아야 하는지를 아는 데 도움이 된다. 촉각 추적은 수화 생산자의 손등을 손목 부분에서 만지 는 것이다.

⑬ 수화 생산자는 아동과 함께 경험하고 있는 것을 수화로 표현하며 아동 이 수화의 의미를 이해할 수 있도록 돕는다(제4장 '공동촉각주의' 참고).

⑭ 교사가 아동에게 개별적으로 정보를 전달하기 어려운 교실에서 일부 아 동은 자신들의 의사소통 체계를 사용하기 위해서 개별적인 도움이 필요 할 수 있다.

다음은 촉독 수화를 도입하는 방법의 몇 가지 예다.

- 공: 손을 공 잡은 모양으로 만든다. 아동은 수화 생산자의
  손 위에 자신의 손을 얹는다.
- 마시다: 오른손을 알파벳 'C'를 뒤에서 보는 것처럼 만들
  어 입 앞에 대고, 손바닥을 왼쪽으로 향하며, 마치 음료를
  마시는 것과 같은 동작을 취한다. 아동은 수화 생산자의
  손 위에 자신의 손을 얹고 동작을 따라한다.

촉독 수화 도입을 위한 좀 더 많은 아이디어를 위해 '촉독 수
화 사용을 위한 제언'을 참고한다.

촉독 수화의 사용은 농-맹 아동에게 상징적 수용의사소통
방법을 제공한다. 촉독 수화는 아동이 대화의 차례를 이어 받
는 상호 수화(interactive signing)를 이끌 수 있다. Miles가 제안한
바에 의하면, 수화 생산자의 손 위에 아동의 손을 얹히고 수화
를 한 후, 성인의 손을 아동의 손 위에 얹고 나서 마치 아동의
수화 차례를 '들으려' 하는 것처럼 기다리는 방법으로 이러한
차례 주고받기를 쉽게 가르칠 수 있다(개인적 의사소통, 2004. 8.
24).

모든 수화를 촉각적 양식으로 쉽게 응용할 수는 없으며 일부
수화는 시각적 이해보다 촉각적 이해가 더 복잡할 수 있다.
ASL의 표준 수화 또는 영어 수화의 수화 부호들은 최소한으로
수정하여 아동이 표준 수화를 배우고 다른 수화 사용자와도 의

사소통할 수 있게 해야 한다. 촉독 수화를 할 때 수화를 받아들이는 사람은 어떻게 수화 생산자의 손위에 자신의 손을 얹어야 하는지를 알아야 한다. 따라서 촉독 수화는 영아 및 다른 아동들에게 유용하지 않을 수도 있는데 신체적, 행동적, 인지적 능력이 그러한 방식으로 정보를 능동적으로 획득하는 데 어렵게 할 수 있기 때문이다. 게다가 아동의 손이 더 작기 때문에 수화를 하는 성인의 큰 손의 움직임을 정확히 인지하지 못할 수 있다.

촉독 수화는 활동 내에서 적절하게 사용되어 아동의 주의를 방해하지 않아야 한다. 예를 들어, 교사가 아동이 촉각적으로 받아들이는 수화를 해 주면 아동은 활동을 시작한다. 의사소통을 유지하기 위해 교사는 아동이 촉각적으로 받아들이고 수화 투입을 위해 아동의 활동을 멈추게 한다. 이런 방해 상황은 활동 자료를 직접 만지고 있는 아동의 손을 치우게 되고 아동을 혼란스럽게 하는 것이 된다. 다른 모든 응용 수화와 마찬가지로, 촉독 수화는 아동의 의사소통을 적절히 지원하기 위해 말 그리고 다른 의사소통 옵션과 함께 사용되어야 한다.

사례: Manuel

다음 사례는 농-맹 아동의 대화를 보조하기 위하여 일상적인 활동을 하는 동안 여러 유형의 핵심적 응용 수화를 어떻게 사용하는지를 보여 준다. 몇 가지 선택된 수화와 사물 단서도 예로서 보여 주는데, 사회적 상호작용 맥락과 공동주의에 바탕을 둔 풍부한 언어 환경에 아동이 노출된다는 가정에 근거를 둔 것이다.

　11세 Manuel은 최근 새로운
양육 가정에 입양되어 편안하
게 잘 지내고 있다. Manuel은
사람과 사물을 살짝 만지는 방
법으로 상호작용하며 후각과
촉각으로 사람을 알아보는 듯

하다. 이 아동은 빛과 그림자 그리고 사람과 사물의 실루엣도
볼 수 있다. 심한 청력 손실이 있지만 어떠한 청력 보조장치도
사용하지 않고 있다. 동물을 사랑해서 집에서 키우는 개에게
먹이를 주고 산책을 함께 하는데, 매일 저녁 Manuel은 수양아
버지를 따라 휠체어를 타고 개와 산책을 한다. 그리고, 일주일
에 한 번씩 지역의 목장에서 승마를 즐긴다.

　Manuel의 가족은 교사와 서비스 제공자를 만나 집에서 사용
할 수 있는 촉각 의사소통 방법을 논의했다. Manuel은 무언가
필요하면, 휠체어 트레이에 달린 사물 의사소통체계를 사용해
서 필요한 것을 표현한다. 예를 들어, 주스를 마시고 싶으면,
빨대를 찾아 두드리는 것이다. Manuel은 여러 가지 다양한 사
물 단서를 이해한다(취침시간을 나타내는 침대 쿠션조각, 개와 함
께 산책하는 것을 위한 가죽 줄 조각, 과자를 사기 위한 동전 지갑).
그는 두 개의 활동 중에서 더 선호하는 활동과 그렇지 않은 것
을 선택하기 시작했다. 이제 그는 촉각적으로 표현되는 일부
수화(예: '개', '먹다', '마치다', '산책', '말', '타다', '더', '아니

요')를 이해하며, 팔꿈치 촉진을 해 주면 '마치다'와 '먹다'를 수화로 표현하기 시작했다('먹다'의 수화 표현 촉진의 예를 위해 [그림 6-9] 참고). 그리고 수화를 할 때와 공동주의 또는 촉각 모델링을 통해 어떤 활동을 함께 공유할 때면 다른 사람이 자기의 손을 만지는 것에 대해 더 잘 받아들이고 있다. 〈표 6-1〉은 집에서 Manuel의 의사소통 상대자와의 확인 단서를 보여 주고, 〈표 6-2〉는 집에서 하는 활동을 위한 핵심 단어 수화와 사물 단서를 제시하고 있으며, 〈표 6-3〉은 개에게 먹이를 주는 일상적 루틴을 보여 준다(이 책의 부록에 제시된 〈용어 정리〉 참고). 이 표들에 사용된 의사소통 단서와 수화들은 Manuel과의 지속적인 의사소통 맥락 내에서 사용되어야 한다.

표 6-1 ● Manuel의 의사소통 상대자를 위한 확인 단서

의사소통 상대자	확인 단서
수양 어머니(Carol)	뺨 위에 수화로 'C'를 표현
수양 아버지(Henry)	이마 위에 수화로 'H'를 표현
주간 도우미(Rosalee)	땋아 늘인 머리 만지기
저녁 도우미(Bobby)	야구 모자 만지기
수양 형제(Tom)	고무 손목 밴드 만지기

| 제6장 아동의 요구에 부응하기 위한 수화의 응용

표 6-2 ● 선택된 가정 내 활동을 위한 사물 단서와 수화

활동	사물 단서와 수화
식사시간	'컵'(사물 단서) '먹다'(촉독 또는 공동 수화)
목욕 시간	고체 비누(사물 단서) '목욕'(신체 수화)
취침시간	침대 쿠션 조각(사물 단서) '자다'(신체 수화)
개에게 먹이 주기	사료를 담아내는 컵(사물 단서) '개'(촉독 수화)
개와 산책하기	가죽 끈(사물 단서) '개'(촉독 수화) '산책'(촉독 수화)
빨래 돕기	세탁 바구니(사물 단서) '돕다'(촉독 수화)
간식 사기	동전지갑(사물 단서) '사다'(촉독 수화) '사탕'(촉독 및 공동 수화)
승마 하기	가죽 고삐 조각(사물 단서) '말'(공동 및 촉독 수화)

표 6-3 ● 형과 함께 개에게 먹이 주기			
촉각 전략	의사소통 상대자	아동의 기대	아동에의 반응
접촉 단서 사물확인 단서	형은 M에게 '하이파이브'를 해 주고 손목을 M의 손 아래에 대주어 형의 고무손목 밴드를 느낄 수 있게 하는 방식으로 인사한다.	인사와 확인 단서로 형을 인지한다.	M이 형을 인지하도록 기다린다.
촉독 수화	형은 '개에게 먹이 주자'라고 말해 준 뒤 수화를 한다.	'개'라는 수화를 인지한다.	M에게 사료를 덜어내는 컵을 주고 사료가 있는 곳으로 데려간다.
촉각 모델링 손 아래 손 안내	형은 사료 한 컵을 퍼서 먹이 그릇에 놓고 방법을 '손 아래 손 안내'를 통해 촉각 모델링을 한다.	형이 시범을 보이는 동안 형의 손과 컵 위에 자신의 손을 얹고 있는다. 개 먹이 그릇을 놓는다. 개사료를 한 컵 더 퍼서 그릇에 넣는다.	M이 사료를 퍼내는 것을 기다리고 M의 등을 두드려 칭찬한다.
공동 수화	형이 개의 이름(Archie)을 부르고 M이 '개'를 공동 수화로 표현할 수 있게 돕는다.	수화 표현을 인지하고 따라한다.	개는 다가와서 사료를 먹는다. 형은 M이 개의 등을 쓰다듬게 안내한다.
공동촉각 주의	촉독 수화	형은 M과 함께 개의 등을 쓰다듬는다.	개의 등을 쓰다듬어 주기 시작한다.

3. 요 약

수화는 농-맹 그리고 다른 비슷한 장애를 가진 아동들에게 중요한 의사소통 상호작용의 옵션이 된다. 비록 수화가 주로 시각적 의사소통 양식이지만 촉각적으로 표현될 수 있도록 응용될 수 있으며 아동을 위해 보다 분명하게 수정될 수 있다. 수화는 또한 아동의 독특한 신체 및 인지적 요구를 보상하기 위해서도 수정될 수 있다. 비록 수정된 수화가 아동의 독특한 요구를 지원하기는 하지만 수화의 수정이 많을수록 보통의 수화 사용자에게는 더 이해하기 어렵게 될 수 있다. 다른 모든 의사소통 양식과 마찬가지로, 응용된 수화는 수용의사소통이나 표현의사소통을 위해, 또는 두 가지 목적 모두를 위해 사용될 수 있다. 응용된 수화는 또한 접촉 단서, 말, 사물과 같은 다른 의사소통 양식과 함께 쓰여 상호작용을 최대한 명료하게 하는 데 쓰일 수도 있다. 개별 아동을 위한 효과적인 의사소통의 중요성을 감안하여 다음 장에서는 촉각적 상호작용을 지원하는 부가적인 정보를 다룰 것이다.

제7장 적절한 촉각 전략의 선택

제7장
적절한 촉각 전략의 선택

시각중복장애아동을 위한 효과적인 촉각 전략 사용의 핵심은 전략의 초기 선택 그리고 선택한 전략을 아동의 경험에 두루 걸쳐 일관되고 정확하게 사용하는 데 있다. 이 장에서는 개별 아동에게 적절한 촉각 전략을 선택하는 방법과 이런 전략들을 실행할 때 발생하는 어려움에 대처하는 방법을 다룬다.

개별 아동에게 필요한 가장 적절한 촉각 의사소통 옵션의 선택 과정은 아동의 가족과 교육 프로그램간의 긴밀한 협조가 필요하다. 아동의 능력은 물론 제한점까지도 반드시 고려하여야 한다. 아동의 운동 능력은 어느 정도인가? 아동은 어떻게 손을 사용하는가? 기능적 시력을 갖고 있는가? 아동은 누군가 자신을 만졌을 때 어떻게 반응하는가? 아동은 어떻게 의사소통하는가? 목표는 개별 아동에게 가장 효율적인 수용 및 표현의사소통 촉진을 확인하고 이를 일관되게 사용하는 것이다. 〈표 7-1〉은 아동이 촉각 의사소통 옵션을 효과적으로 사용할 때 필요한

227

표 7-1 ● 수용 및 표현 촉각의사소통 옵션을 위한 최소한의 기술

아동의 기술	공동촉각주의	접촉단서	사물단서	손 아래 손 안내	손 위 손 안내	촉각모델링	공동수화	촉독수화
촉각 투입 수용하기	R/E	R/E	R/E	R	R	R	E	R/E
최소한의 손동작하기	R/E	E	R/E			R	E	R/E
접촉유지 하기*	R/E		R/E	R	R	R	E	R
손 벌리기				R	R	R		R
능동적으로 탐색하기			E			R		

R = 수용의사소통을 효과적으로 하기 위해 필요한 최소한의 촉각 옵션 기술
E = 표현의사소통을 효과적으로 하기 위해 필요한 최소한의 촉각 옵션 기술
*접촉유지하기: 몇 초간 사물 또는 사람과 신체적 접촉을 유지하는 능력

가장 최소한의 기술을 확인할 수 있는 포맷을 제시하고 있다.

1. 전략 선택을 위한 고려 사항

시각중복장애아동에게 적합한 촉각 전략을 선택할 땐 깊은 사고와 관찰이 필요하다. 다음은 개별화된 촉각 전략 선택을 안내하는 고려 사항들이다.

• 촉각 전략은 아동의 능력과 선호를 반영하여야 한다.
• 선택된 전략은 아동의 능력과 요구에 적합해야 한다.

• 선택된 전략은 모든 의사소통 상대자도 일관성 있게 사용하여야 한다.

1) 능력과 선호를 반영하는 전략

시각 손상과 청력 손실을 함께 가지고 있는 아동은 뇌성마비, 근육 저긴장, 또는 기타 의료적 처치가 필요한 장애와 같은 부가적인 장애를 가질 수 있다. 이러한 중복장애는 심각한 운동 능력의 지체를 초래하여 물체를 잡거나 앉고 일어서며, 스스로 돌아다닐 수 있는 능력에 부정적인 영향을 줄 수 있다. 이런 아동들은 손과 팔을 사용할 때 촉각적 민감성을 경험할 수 있으며 특정 질감물(예: 끈적끈적하거나 거친 물체)이나 특정 온도(예: 차갑거나 따뜻한)를 무척 싫어할 수 있다. 따라서 가족과 서비스 제공자들은 전략을 선택할 때 아동의 능력과 선호를 고려하여야 한다. 아동이 특정 유형의 촉각 투입에 과민하다면 그러한 유형의 물체나 접촉은 피해야 한다. 특정 유형의 물체나 활동 그리고 아동이 촉각적으로 탐색하도록 격려하는 방법에 대해서 아동의 작업치료사와 협의하도록 한다(Larrington, 2002 참고).

다음과 같은 것들에 대해 아동이 촉각적으로 선호하거나 싫어하는지를 확인하도록 한다.

• 차갑거나 따뜻하거나, 또는 실온 수준의 액체나 음료
• 매끄럽거나, 거칠거나, 부드럽거나 울퉁불퉁한 표면

- 떨림이 있거나 움직이거나 가만히 있는 물체
- 젖어있거나 축축하거나 끈적거리거나 긁히거나 메마른 물체

    그리고 아동이 선호하는 다른 감각 자극(예: 시각, 청각, 동작, 냄새 또는 맛)들도 확인되어야 한다. 아주 선호하는 활동을 이용해서 아동에게 친숙하지 않거나 싫어하는 물체의 조작을 도울 수도 있다. 예를 들어, 아동이 움직임과 율동 음악을 즐긴다면 "우리는 찰흙을 이렇게 주물러요, 이렇게 주물러요, 이렇게 주물러요." 와 같은 율동 음악에 사물 탐색 활동을 넣어 촉각적 탐색을 장려할 수 있다.

    촉각 전략은 아동이 상호작용에 관여하게 하고 아동의 반응과 참여 확률을 높여야 한다. 예를 들어, Larry는 누가 자신의 손을 만지는 것을 싫어한다. 그래서 의사소통 상대자는 Larry가 언제, 어떻게, 어디서, 부드럽고 강제적이지 않은 손의 접촉(즉, Larry의 손 옆이나 손가락 바로 아래에 손을 두어 공동촉각주의를 형성한다.)을 받아들이는지 알아내기 위해 유심히 관찰하여야 한다. 의사소통 상대자는 매우 선호하는 물체와 선호하지 않는 물체를 함께 제시해서 아동이 선택할 가능성을 높일 수도 있다. 예를 들어, 의사소통 상대자가 Marisa에게 진동하는 공과 동물 인형을 주고 선택하라고 하면, Marisa는 아마도 진동하는 공을 택할텐데 떨림과 같은 자극을 좋아하지만 동물 인형의 촉감을 싫어하기 때문이다. 그렇지만 아동이 선호하는 것을 알고

있더라도 상대자는 선택 상황을 제공하여 아동이 의사소통 기회를 늘리도록 해야 한다. 더구나 아동의 선호는 계속해서 변할 수 있는 것이다.

다음은 아동에게 촉각 접촉을 사용할 때 도움이 되는 몇 가지 팁이다.

① 아동이 좌우 균형에 맞게 안정적인 자세를 취할 수 있도록 적절한 지원을 제공하도록 한다.
② 사물을 아동의 손 바로 옆에 두고 손가락을 살짝 건드린다. 아동이 손 조절을 잘 못하거나 주먹을 쥐고 있는 상태라면 이 아동에게 사물을 제시할 수 있는 가장 좋은 방법에 대해 물리치료사와 협의한다. 아동이 원하는 장난감을 가슴, 무릎 또는 신체의 다른 부위에 두어 아동이 사물을 만질 수 있게 조장하는 위치가 어디인지 알아볼 수 있다.
③ 아동의 운동 범위 또는 운동 능력이 제한적이면 사물을 아동의 운동 범위 내에 둔다.
④ 필요하다면 팔꿈치 지원을 적절하게 사용하여 아동의 행동을 촉진한다.
⑤ 물체를 수정하여(예: 찍찍이 붙이기, 손잡이 달기, 미끄럼 방지 패드 사용) 사물을 만지고 조작할 수 있는 아동의 능력을 최대화한다.

2) 능력과 요구에 적합한 전략

전략은 아동을 참여시키고 지속되는 활동 또는 상호작용에 대해 아동의 이해를 최대화할 수 있을 때 개별적으로 적절하다고 할 수 있다. 전략은 아동의 능력과 요구에 부응하도록 응용되어야 한다. 예를 들어, 어떤 아동에게는 촉독 수화가 도움이

표 7-2 ● 효과적인 촉각 전략과 비효과적인 촉각 전략

효과적인 전략	비효과적인 전략
① 아동이 수화 생산자의 손 위에 자신의 손을 얹는 데 협력적이라면 "뭐 좀 마시고 싶니?"라는 촉독 수화를 아동의 손 아래에 한다. ② 당신의 머리와 손을 이용해 아동에게 "네."를 촉각적으로 모델링하여 아동이 음료를 원한다는 것을 당신이 알고 있음을 보여 준다. ③ 아동의 머리를 빗어주기 전에 브러쉬(사물 단서)를 아동의 손에 몇 초 간 두어 아동이 무슨 일이 일어날지 기대하게 한다. ④ 활동을 하는 동안 아동의 손을 부드럽게 만지는 방식으로(아동의 주의를 방해하지 않고) 공동촉각주의를 형성하여 아동이 무엇을 하는지 당신이 보고 있다는 것을 아동이 알게 한다. ⑤ 팔꿈치 지원(신체적 촉진)을 적절하게 제공하여 아동이 사물을 잡고 조작하는 능력을 극대화한다. ⑥ "끝났다."라는 표현을 공동 수화하여 아동과 함께 활동의 종료를 표시한다.	① 아동의 시야에서 벗어난 상태에서 시각적으로 수화를 표현한다. ② 정확한 수화 대신 완전하지 못하거나 부정확한 수화 표현을 한다. ③ 수화를 조금 밖에 이해하지 못하는 아동에게 여러 단어를 빠르게 수화로 표현한다. ④ 사물 단서를 처음 시작할 때, 아동이 활동을 나타낸다는 것을 인지하지 못하는 축소 모형을 사용한다. ⑤ 아동이 누군가 자신의 손을 만지는 것을 싫어하는데도 공동 수화를 한다.

될 수 있지만 다른 아동은 사물 단서를 이용해 정보를 이해하는 게 더 수월할 수 있다. 〈표 7-2〉는 효과적인 전략과 그렇지 않은 전략들의 예를 보여 준다.

3) 모든 의사소통 상대자에 의해 일관되게 사용되는 전략

중복장애아동들은 가족 말고도 여러 서비스 제공자를 만날 가능성이 있다. 일관성은 아동의 이해, 기대 그리고 수용의사소통을 향상시킬 뿐만 아니라 표현의사소통도 도와줄 수 있다. 서비스 제공자들과 가족 간의 초기 팀 미팅은 단서와 촉각전략의 일관된 사용을 도모하는 데 매우 중요하다. 초기 미팅에서 모든 사람이 전략선택과 효율적인 실행 방법에 관한 논의에 참여한다. 처음엔 가장 선호하고 자주하는 활동들을 위해 몇 가지 전략을 선정한다. 생태학적 목록(제3장 참고)의 사용과 아동 의사소통 체계(예: 접촉과 사물 단서, 질감 상징, 응용된 수화)를 의사소통 사전으로 만들면 선택된 전략을 잊지 않도록 해 준다. 이 의사소통 사전을 팀 구성원들이 주기적으로 점검하고 업데이트를 해야 하는데, 이 책임을 기꺼이 맡을 사람이 필요하다.

아동과 상호작용하는 사람들 모두 의심할 여지없이 저마다의 독특한 스타일이 있겠지만 그런 상호작용 양식들은 아동이 메시지를 이해할 수 없기 때문에 너무 다양해서는 안 된다. 마치 사람마다 서로 다른 언어를 사용하는 것과 다르지 않기 때문이다. 모든 팀 구성원은 아동과 상호작용하고 메시지를 교환

하는데 필요한 표준 절차를 숙지하여 목소리와 손은 사람마다 다른 건 어쩔 수 없더라도 메시지의 의미가 아동에게 분명히 전달될 수 있도록 해야 한다. 앞서 논의한 것처럼 가족 구성원들과 서비스 제공자들 사이에 서로 공유할 수 있는 의사소통 체계, 교수 전략 그리고 목표를 개발하는 것이 가장 중요하다. 회의, 문서, 또는 온라인 접촉 등을 통한 정기적인 의사소통이 필요할 것이다. 또한 아동의 교수 프로그램에서 무엇이 효과적이고 어떤 것이 수정되어야 하는지 확인하기 위한 자료를 모으고 공유하는 것 역시 중요하다.

모든 것을 특정한 한 가지 방식으로 하는 것을 항상 기억하기란 매우 어려울 것이고, 가정과 학교 사이, 심지어 각 장소에서 함께 있는 사람들 사이에서조차 촉각 전략을 사용할 때 어느 정도 자연스러운 차이가 있을 것이다. 예를 들어, 일부 가족 구성원들은 가족 수화(home sign)를 개발하여 사용할 수도 있고, 반면에 다른 가족 구성원들은 아동과 상호작용하기 위해 ASL의 수화 표현을 사용할 수도 있다. 시간이 지남에 따라 아동은 이두 가지 유형의 수화를 모두 이해하게 될 것이다. 유사하게 누구는 '손 위 손 안내'를 사용하지만 다른 누구는 사물 단서를, 또 어떤 사람들은 '손 아래 손 안내' 기법을 사용할 수도 있다. 아동들은 서로 다른 기대와 다양한 의사소통 방법에 어떻게 적응해야 할지 배울 수는 있지만, 아동이 의사소통을 개발하기 위해 지원이 필요할 때는 하나의 일관성 있는 접근 방식이 학습과정을 촉진시킬 가능성이 크다. 〈표 7-3〉은 일관적이지 못한 의

표 7-3 ● 비일관적인 의사소통 방법	
행동	의사소통 방법
"화장실에 가자."라고 의사소통하기	• 성인 1: 아동과 함께 '화장실'을 공동 수화한다. • 성인 2: 아동의 엉덩이를 가볍게 두드린다(접촉 단서).
'점심시간'이라고 의사소통하기	• 성인 1: 아동에게 선정된 사물 단서를 준다(예: 점심 식권). • 성인 2: 아동과 함께 '점심'을 공동 수화한다.
미끄럼틀에서 놀기	• 성인 1: 아동의 손 아래에 '미끄럼틀'이라고 촉독 수화를 한다. • 성인 2: 아동의 팔 위에 '미끄럼틀'을 수화로 표현해 준다(신체 수화).
스스로 먹게 도와주기	• 성인 1: '손 위 손 안내'를 통해 아동을 돕는다. • 성인 2: 아동의 팔꿈치를 지지해 주는 방법으로 촉진한다.

사소통 방법의 몇 가지 예를 보여 준다.

2. 대화를 위한 기회

아동들은 다양한 상황에 걸쳐 서로 다른 여러 사람과 의사소통할 기회가 필요하다. 이러한 기회들은 아동의 사회 기술과 의사소통 기술을 지원하고 지속되는 활동에의 참여를 넓혀 준다. 많은 중복장애아동이 또래들과의 대화나 상호작용 기회를 별로 갖지 못한 채 주로 성인 주도하의 상호작용을 경험한다.

중복장애아동과 상호작용하는 성인들은 아동으로부터의 반응을 기대하지 않을 수 있다. 대부분의 아동은 어느 정도의 반응(다소 모호하고 처음엔 해석하기 어려운 것일지라도)을 해 낼 수 있다. 좋은 상호작용을 위해 다음의 원칙을 고려한다.

- 아동의 반응을 기대한다. 예를 들어, 아동이 음료를 마실 준비가 되어 보이면 공동 수화로 '마시다'를 표현할 수 있도록 도와준다. 아동이 반응할 때까지 10초 정도 기다린다. 아동에게 반응할 기회를 주는 것은 상대방이 기대하고 있는 것을 배우는 데 아주 중요하다.
- 선택한 전략은 아동의 능력 범위 내에서 아동의 독립적인 반응을 이끌어 낼 수 있는 것이어야 한다. 예를 들어, 사물 단서를 이용하여 아동에게 악기 놀이(선호활동) 또는 컴퓨터 활동(싫어함) 중에 선택하게 한다. 아동의 신체 언어와 손의 움직임을 관찰하여 반응을 해석한다. 아동의 전의도적 행동(preintentional behaviors)을 표정, 몸동작, 기타 신호들로 해석하고 이에 반응하는 것은 아동이 제스처, 발성, 사물, 또는 단어 등과 같은 의도적 의사소통 노력을 형성하는 데 도움을 줄 것이다.
- 아동의 능력 범위 내에서 여러 차례 번갈아 대화하기를 격려하고 지원한다. 예를 들어, 한 아동이 간식을 먹기 위해 테이블에 앉아 있다. 아동은 손으로 테이블 위를 탐색하고 당신은 팔꿈치 촉진을 통해 '먹다'라는 수화를 하도록 지

원한다. 아동은 '먹다'를 수화로 표현하고 당신은 '너는 배가 고프구나.'라고 촉독 수화를 한다. 아동은 웃으며 '먹다'라는 수화를 다시 한다. 당신은 '쿠키 먹고 싶니?'라고 촉독 수화를 하고 아동의 반응을 기다린다. 아동은 '쿠키'라고 수화를 하고 당신은 '그래, 쿠키 먹자.'라고 촉독 수화를 한 후 쿠키가 담긴 접시를 준다. 아동이 쿠키 하나를 먹으면 당신은 '맛있다.'라고 촉독 수화를 한다.

- 상호작용을 이어나가기 위해 활동에서 아동의 흥미를 이용한다. 예를 들어, 친구 한 명이 농-맹 장애가 있는 Marika를 위해 촉독 수화를 사용하도록 배웠다. 그네를 함께 탄 뒤에 그 친구는 촉독 수화로 '물, 자전거, 어느 것'이라고 하며 Marika에게 선택하게 한다. Marika는 수화로 '물'이라고 반응하고 친구는 물 마시는 곳으로 Marika를 데려간다. 함께 물을 마신 후 친구는 Marika에게 '찰흙, 놀이'라고 촉독 수화를 하면서 찰흙놀이를 하고 싶은지 묻는다. Marika는 '응'이라고 수화한다. 친구는 Marika를 찰흙놀이 테이블로 데려가 함께 논다.

3. 문제 해결

때로는 아동이 반응을 하지 않고 추천된 전략이 효과를 보지 못할 수 있다. 아동이 기대하는 반응을 보이지 않는 데에는 여

러 가지 이유가 있을 것이다. 이러한 상황에 대처하는 최선의
방법으로 다음의 전략을 제안한다.

- 정보를 모은다.
- 어떤 감각 투입 양식이 가장 효과적으로 정보를 전달하는
  지 결정한다.
- 아동이 물체를 만지고 손을 사용하는 것에 대한 거부감을
  극복할 수 있도록 돕는다.

1) 정보 수집

어떤 해결책이 결정되기 전에 아동이 상호작용이나 참여를
거려하는 이유에 대한 정보가 필요하다. 모든 행동은 그 자체
로서 의사소통을 하는 것이기 때문에 아동이 참여를 거부하는
것이 무엇을 말하고자 하는지를 파악하는 게 매우 중요하다
(O' Neill et al., 1997; Sigafoos, 2000). 기능분석(functional analysis;
명료하게 정의된 아동의 행동을 여러 상황, 활동, 사람에 걸쳐 체계
적으로 관찰)은 행동을 통제하고 유지하는 변인들을 확인하는
데 유용하다. 관찰은 행동의 잠재적 선행사건(이전에 무슨 일이
있었나)은 물론 행동의 후속 결과(그 후에 실제로 어떤 일이 벌어
졌는가) 모두를 대상으로 한다.

정보 수집은 또한 관찰 행동에 영향을 줄 수 있었던 선행사
건, 행동이 가장 잘 발생할 것 같은 시간, 그리고 아동에게 그
행동은 무엇을 의미하는 것인지와 같은 것에 대한 정보를 줄

수 있는 중요한 사람들을 인터뷰하는 것도 포함된다. 일단 아동의 행동에 대한 정보가 모아지고 나면, 아동 행동의 의도에 대한 가설을 설정하기 위한 초기의 분석이 끝나는 것이다. 가설은 결국 아동의 의사소통 기술을 돕기 위해 고안된 중재 전략을 유도하게 된다(O' Neill et al., 1997 참고). 다음은 잠재적인 의사소통 거부 행동 기능분석 시 중요하게 묻는 몇 가지 질문이다.

- 언제 아동이 상호작용을 거부할 가능성이 가장 큰가?
- 그러한 시간에 무슨 일이 일어나고 있는가?
- 상호작용은 어떻게 이루어지는가?(예: 어떤 신체적 전략이 사용되는가?)
- 아동에게 기대하는 바는 무엇인가?
- 어떤 자료가 사용되는가?
- 그 맥락은 동기를 유발하는가?

정보 수집 과정의 목표는 아동이 의사소통하고자 하는 것이 무엇인지를 파악하여 가족과 서비스 제공자들이 상호작용을 조절하고 수정할 수 있게 하는 것이다. 이러한 과정은 아동을 존중하고 있다는 것을 보여 주며 신뢰 관계를 만드는 것이다. 이러한 정보가 수집되고 나면, 아동 행동의 기능에 대한 가설이 만들어질 수 있다. 예를 들어, 아동은 무언가 싫어하는 것을 피하려 하거나, 원하지만 제공되지 않은 것을 얻으려 한다거나 또는 관심을 끌기 위해 애쓰는 것일 수 있다.

아동이 의도하는 메시지가 분명히 파악되고 나면 체계적 교수를 통해 아동의 요구에 부응해 주는 한편, 그러한 요구를 표현하는 보다 적절한 방법을 가르칠 수 있다. 예를 들어, 4세 Roger는 농-맹 장애가 있는데 두 형들과 상호작용을 꺼리는 듯 보인다. 형들이 공 주고받기나 베개 놀이와 같은 간단한 게임을 같이 하자고 하면, Roger는 소리를 지르고 팔과 손을 크게 휘저으며 멀어지려 한다. 이 행동을 반복해서 관찰한 결과 주로 형제들에게 이런 행동을 하고 보통 화장실에 가기 전, 아침, 점심, 저녁, 또는 간식을 먹기 전에 이런 행동이 일어났다. 게다가 엄마가 곁에 없을 때 이 행동이 가장 심했다.

형들은 다소 갑작스럽게 물건을 Roger의 얼굴이나 손앞에 들이밀며 동생의 손과 팔을 만지면서 놀자고 하는 듯 했다. Roger에게는 이 게임에서의 기대 또는 규칙을 이해할 시간이 주어지지 않았다. 엄마는 Roger가 이러한 상황에 놀랄 뿐이고, 형들의 의도를 알아채지 못하며 물체가 무엇인지 알지 못한다고 느꼈다. 특히 엄마가 없을 땐 불안함을 느끼는 것 같다고 생각했다. 엄마는 또한 Roger가 화장실에 갔다 오거나 무언가를 먹기 전에는 놀이할 준비가 안 되어있을 거라는 가설을 세우게 되었다. 이러한 정보를 바탕으로 Roger의 거부 행동에 대한 이유를 파악할 수 있었고 Roger의 요구에 더 잘 부합하는 계획을 만들 수 있었다.

팀은 Roger의 형들과 또래들에게 '싫어'를 나타내는 Roger

의 의사소통 행동을 존중하고, 함께 놀기 전에 기본적인 욕구
가 충족되어 편안해질 때까지 기다리도록 했다. 그리고 형들과
또래들은 Roger를 게임에 초대하고 물건을 '천천히' 다루는
방법을 배워, Roger가 상호작용에 준비할 시간을 주고 반복적
인 행동을 만들어서 Roger가 행동의 예측 가능한 계열을 이해
할 수 있도록 하였다. 형들은 또한 동생이 언제 놀이를 계속하
고 싶어 하고 언제 그만하고 싶어 하는지를 나타내는 의사소통
행동을 관찰하고 그 행동들에 반응해 주도록 했다.

2) 가장 효율적인 감각투입 양식의 결정

아동이 정보를 이해하는 능력은 상황에 따라 다를 수 있기 때
문에 유연한 자세의 유지와 여러 다른 방법을 시도해 보는 것
이 중요하다. 상황, 과제의 요구, 아동의 능력 수준, 동기, 주의,
그리고 빛과 배경 소음과 같은 환경요소들에 따라 새로운 전략
들이 필요한 것이다. 어떤 상황에서는 특정한 사물 단서(예: 좋
아하는 장난감)의 사용으로 아동에게 기대하는 것이 무엇인지
를 스스로 이해하는 데 필요한 정보를 줄 수 있다. 또 어떤 상
황에서는 사물 단서가 아동에게 무의미할 수 있는 반면에 사물
의 소리(예: 전자 키보드)와 신체적 지원이 메시지를 의사소통하
는 데 있어서 더 효과적일 수 있다. 때로는 물체를 촉각적으로
완전히 탐색하고 확인하는 데 아동의 신체적 능력이 제한적이
라면 다른 자극 제시 방법이 필요하다. 예를 들어, Joy는 물체
를 만지기 위해 팔을 뻗는 데 어려움이 커서 바로 앞에 있는 것

을 탐색하지 못했던 것이다. 그래서 교사는 모래가 담긴 컵을 모래놀이 테이블에서 가져다 주어 아동이 모래를 느끼고 모래놀이 테이블 활동이 다음 활동이라는 것을 알게 하였다. 때로는 작은 물체를 아동 가까이에 두어 아동이 탐색하게 할 수도 있다.

아동은 물체가 자기 앞에 있으며 누군가의 지시 없이도 그 물체를 탐색할 수 있는 충분한 시간이 있다는 것을 알 필요가 있다. 아동에게 가까이에 있는 물체를 만지라고 요구하지 않으면서도 그 물체와 상호작용하고 있는 다른 사람이 있다는 사실을 알게 하는 것은 신뢰로운 상황을 조성하고 아동 스스로 그 물체와 상호작용할 가능성을 더 높여 주게 된다.

3) 접촉과 손의 사용에 대한 거부감의 극복

간혹 아동은 물체를 만지지 않으려 하고 적극적으로 주먹을 쥐어버리며, 제시된 물체로부터 손을 치우려 할 것이다. 이러한 거부 유형의 이유는 다양하다. 만약 아동이 몸동작과 그런 표정으로 '싫어요'를 말한다면, 보호자는 이러한 의사소통을 반드시 존중하고 상황을 바꾸어 아동이 참여할 가능성을 높여야 한다. 다음의 질문을 고려해 보자.

- 아동이 만지고 싶어 하고 참여하고 싶어 하는 어떤 다른 것이 있는가? 그것은 선택 가능한 옵션의 하나인가?
- 아동이 편안하게 물체를 탐색할 수 있게 아동과 신뢰 관계

가 형성되어 있는가?

- 아동의 손이 접촉을 통해 정보를 모으는 감각 기관으로 간
  주되는가?

아동이 원하지 않는 물체 또는 혐오스러운 물체를 만지도록
강요받는 두려움 없이 편안하게 손을 사용할 수 있도록 배려한
다. 아동의 행동에 초점을 맞추고 아동의 리드를 부드럽게 따
르는 방식으로 공동촉각주의를 사용하는 것은 아동이 누군가
자신의 행동에 주의를 기울이고 있다는 것을 이해하도록 도와
준다. 다른 사람과 함께 물체를 만지면서 아동이 공동촉각주의
에 관여하도록 격려하는 것 역시 중요한데, 두 사람이 상호작
용에 편안하게 참여할 수 있게 해 주기 때문이다. 앞을 볼 수
있는 아동들은 아주 많은 시간을 가족 구성원 그리고 다른 사
람들을 지켜보며 보내는데, 이러한 경험은 다른 사람들의 반응
에 기초하여 아동이 본 것을 직접 해 보고 싶어 하는 동기를 부
여한다. 시각이 없다면 아동은 촉각 정보에 의존해야 하고 촉
각을 통한 학습과정은 시각을 통해 배우는 것보다 훨씬 시간이
많이 걸리기 때문에, 보호자들은 촉각을 통해 학습하는 아동들
에게 충분한 시간과 기회 그리고 지원을 아끼지 않아야 한다.

4. 흔히 받는 질문

여기 소개되는 질문들은 프로젝트 SALUTE 활동과 워크숍에 참여했던 가족 그리고 서비스 제공자들이 제기하고 함께 토론했던 것들이다. 질문에 대한 답은 문헌 분석과 중도중복장애아동들과 일해 왔던 서비스 제공자와 전문가들의 임상적 판단 및 경험에 기초한 것이다. 소개되는 제안들은 개별 아동의 요구와 능력에 맞춰 수정될 필요가 있을 것이다.

1) 감각 투입

Q: 구어를 하지 않고 저시력 및 기타 장애를 함께 가지고 있는 아동에게 어떤 감각 투입(시각 · 청각 · 촉각) 방법이 가장 유용한 정보를 줄 것인지를 어떻게 결정할 수 있는가?

여러 다른 상황에서 다양한 감각 투입에 대한 아동의 반응을 유심히 관찰하여 아동이 어떻게 반응하고 무엇을 이해하는지를 알아 본다. 아동이 어느 정도 시력과 청력이 있더라도 어떤 특정한 상황(예: 어둡거나 시끄러운 환경)에서는 촉각적 투입의 이점이 있을 수 있다. 시력을 사용하는 일부 아동의 능력은 각성의 수준, 건강과 맥락에 따라 달라질 수 있다(안구의 문제보다는 뇌 손상에 의한 피질 시각장애가 있는 아동들에게는 흔한 일이다.). 어떤 아동은 보고 있는 것을 확인하거나 분명히 알기 위해 접촉의 사용이 필요할 수 있다. 다양한 상황에서 여러 가지 감각 투입 양식에 아동이 어떻게 반응하는지 자료를 모으는 것이 도움이 된다. 그리고 아동이 그러한 감각을 어떻게 사용하는지 결정하기 위해 기능적 시력과 청력을 평가해 보아야 한다.

Q: 아동이 어느 정도 시각이 있을 때에도 촉각 전략을 사용해야 하는가?

촉각 전략이 중복장애아동에게 이로울 수 있는지의 이유는 많이 있다. 모든 아동은 자신의 감각기관들이 받아들인 투입 정보를 조합하여 학습한다. 아동이 중복장애가 있고 시각 자극에 모호한 반응을 한다면, 아동이 앞에 제시된 것 또는 시각적 수단을 통해 전달되는 것을 분명히 이해하는지 결정하기 어려울 수 있다. 촉각 정보는 매우 구체적이기 때문에 시각 정보를 보완하거나 기타 다른 감각 투입 정보를 명료하게 해 줄 것이다.

Q: 촉각 전략을 사용하면 아동이 시각을 사용하는 것을 배우는 데 방해가 되는가?

우리의 경험에 의하면, 촉각 전략을 사용한다고 시각 사용을 배우는 데 방해를 하거나 막지 않는다. 아동이 기능적 시력을 사용할 수 있도록 하기 위해서는 자료와 환경(예: 자세, 색깔, 대비, 조명) 역시 적절하게 수정되어야 한다. 사실, 촉각 전략을 통해 상호작용과 활동에 적극적인 참여가 높아지게 되는 것도 아동이 시각 사용을 배우는 데 동기 부여가 될 수 있다. 아동은 물체를 쳐다보고, 잡으려 하고, 조작하려 하는 것을 동시에 하기 어려워한다. 이 아동들은 물체를 보고 나서 눈길을 돌리고, 물체를 잡거나 촉각적으로 탐색하려 할 수 있다. 아동에게 사용할 전략에 따라 가족 구성원과 서비스 제공자들이 의견일치를 보는 것이 중요하다. 예를 들어, 먼저 아동에게 물체를 시각적으로 제시한 다음, 몇 초 후에 아동이 만지고 조작할 수 있는 기회를 준다. 이러한 방법으로 아동은 만지는 것을 통해, 보는 것을 확인하거나 분명하게 할 수 있게 된다.

2) 촉각 전략

Q: 어린 아동에게 촉각 전략을 시작하기 위한 순서가 있는가?

중복장애아동 모두에게 맞는 촉각 전략 사용 순서란 없다. 모든 상황은 서로 다르고, 촉각 전략은 이에 따라 선택되어야 한다. 먼저, 공동촉각주의를 통해 상호작용을 만들고 아동의 의사소통 발달을 돕는 것으로 시작한다. 논의한 것처럼, 모든 아동은 수용의사소통 수단 및 표현의사소통 수단 모두가 필요하다. 아동이 선호하는 사람들과 함께 친숙한 활동을 하는 것을 세심히 관찰하기 시작한다. 선호하는 물체의 특징이 무엇인가? 아동이 어떤 상황에서 가장 동기부여가 되는 것처럼 보이는가? 아동이 다른 사람을 탐색하고 상호작용하기 위해 접촉 감각을 사용하는지 그리고 다른 사람의 촉각 투입에 아동이 어떻게 반응하는지 메모한다.

Q: 농-맹 장애아동에게 어떤 촉각 의사소통 전략(공동 수화, 신체 위 수화, 촉독 수화, 접촉 단서, 사물 단서, 질감 상징)을 사용할 것인지는 어떻게 결정해야 하는가?

먼저, 아동의 수용 및 표현의사소통 행동을 확인한다. 그 다음 아동의 운동 및 인지능력을 고려한다. 아동이 쉽게 이해할 수 있는 기법을 사용하여 상호작용을 하는 동안 즉각적인 기쁨과 자신의 노력에 대한 강화를 경험하게 한다. 아동의 반응이 적거나 없다면, 보다 구체적인 정보를 줄 수 있는 전략(예: 아동에게 친숙한 사물의 전체를 사용)을 시도해 본다. 모든 전략은 차례 주고받기와 공동주의가 관여하는 자연스럽고 존중하며 즐거운 대화 상황에 통합되어야 한다는 것을 명심한다. 시간이 흐름에 따라 아동은 좀 더 추상적이고 복잡한 의사소통 양식을 발전시켜 나갈 것이다.

Q: 질감 상징을 사용할지 사물 단서를 사용해야 할 것인지는 어떻게 결정하는가?

사물 단서는 참조물과 분명한 관계를 가지고 있어서 이해하기 쉽다(예: '마시다'를 나타내기 위한 컵). 사물 단서를 사용하기 어렵거나 불편한 경우(예: "자, 밖으로 나가 잔디밭 위에서 놀자."), 질감 상징과 같은 보다 추상적인 의사소통 양식이 필요할 수 있다(제5장 참고). 사물 단서 또는 질감 상징이 나타내는 것은 아동이 즉시 분명하게 분별할 수 있어서 그 의미를 이해할 수 있는 것이어야 한다.

Q: 질감 상징이나 사물 단서가 의미하는 바를 아동에게 이해시키기 위해 어떻게 해야 하는가?

아동에게 의사소통 단서나 상징의 의미를 이해시키기 위한 핵심은 참조물과 비슷하게 연관 짓고(예: 대화 상황 내에서 공동촉각주의를 통해) 다양한 상황의 의미 있는 활동 안에서 일관되게 사용하는 것이다. 아동은 특정한 질감 카드나 사물이 특정 활동 또는 사물을 나타낸다는 것을 배워야 한다. 아동이 그 질감 카드나 사물을 만지게 되면, 아동은 즉각 참조물을 받거나 경험할 수 있어야 한다.

Q: 맹 아동이 어떻게 자신의 몸 위에 만들어지는 접촉 단서와 수화를 구별할 수 있는가?

처음에는 자기 몸 위에 만들어지는 수화를 특정한 맥락 내에서 통하는 매우 고정적인 의미의 접촉 단서로 인지할 수도 있다. 예를 들어, 수화 생산자가 '먹는다'를 수화로 하기 위해 아동의 입 위에 손을 얹는다면, 아동은 자신의 입 위에 이루어지는 접촉을 느끼게 될 것이지만 '먹는다'라는 수화 표현의 특징인 동그라미 형태의 손 모양이 평행으로 이동하는 것을 감지하지 못할 것이다. 수화(즉, 수화 생산자의 손을 느끼도록 지도하고 공동 수화 및 촉독 수화를 사용하여)와 참조물(사물, 사람, 활동)을 지속적으로 경험하도록 하면, 여러 상황에서 수화를 함께 표현하거나 촉각적으로 수화를 했을 때 '신체 위 수화'가 같은 의미를 갖는다는 것을 점차 알게 될 것이다.

Q: 공동 수화와 촉독 수화가 어떻게 다른지 잘 모르겠다.

촉독 수화는 수용의사소통 수단의 하나이다. 아동은 수화생산자의 손위에 자기의 손을 얹고 수화를 촉각적으로 인식하거나 읽는다. 공동 수화는 교수적 목표로 사용되어 필요한 상황에서 새로운 수화를 어떻게 표현하는지 또는 표현하고 싶은 메시지를 전달하기 위해 어떻게 수화로 표현할지를 가르친다. 촉독 수화는 당신이 아동에게 메시지를 전하기 위해 사용하고 공동 수화는 아동이 무언가를 의사소통하고 싶어 할 때 사용한다. 볼 수 있고 들을 수 있는 아동이 말하기 전에 먼저 듣는 것처럼, 청력 손실과 시력이 없는 아동에게 촉독 수화의 이해(수용 언어)는 수화 표현(표현 언어)에 선행한다.

Q: 아동에게 "끝났어."라고 수화로 표현하는 대신 어떤 활동을 마쳤다는 것을 아동에게 알려 줄 수 있는 구체적인 방법을 어떻게 개발할 수 있는가?

구어를 사용하지 않는 맹 아동들은 간혹 활동이 얼마나 지속되는지 또는 특정 과제에 대한 우리의 기대를 이해하지 못할 수 있다. 이 아동들은 어디선가 갑자기 튀어나오는 것처럼 보이는 "끝났어."라는 수화에 깜짝 놀랄 수도 있다. 메시지와 기대는 아주 구체적이고 쉽게 이해할 수 있도록 만드는 것이 중요하다. 간단한 방법으로 어떤 과제를 몇 번이나 하기를 기대하는지 아동에게 말해 주고 그러한 기대를 물체를 사용해서 분명하게 해 주는 것이다. 예를 들어, 블록과 바구니를 가지고 노는 활동에서, 5개의 블록을 아동 앞에 내놓고 핵심적인 촉독 수화를 하면서 "바구니에 블록을 담자. 1, 2, 3, 4, 5, 끝." 이라고 말한다. 비슷하게 정리 시간이 되었을 때, 아동에게 몇 개를 치워야 하고 그 물건들은 무엇인지 구체적으로 말해 준다. 예를 들어, "Jimmy, 자동차와 모자를 치우자." 와 같이 말할 수 있다. 이런 방법은 아동이 방 전체가 전부 정리 되었는지를 볼 수 없을 때 도움이 된다. 아동에게 "놀이 시간이 5분 남았어요."라고 아동에게 알려 줄 수도 있다. 이렇게 매일의 활동 속에서 숫자와 시간 개념을 도입하는 것은 아동이 초기 문해 기술을 형성하는 데 도움이 될 것이다. 음악 시간이나 모두 함께 둘러 앉아 활동하는 시간에, 음악과 활동을 표현하는 사물 또는 촉지물을 담은 상자를 주어서 아동이 하나를 선택할 수 있게 하고 상자가 텅 비게 되면 활동이 끝난다는 것을 배울 수 있게 한다. 그리고 "노래 한 번 더 하고 마칠 거예요."라고 말해 주는 것도 중요하다. 아동이 종소리나 알람 소리를 들을 수 있다면 수정된 타이머도 유용할 수 있다.

3) 어려움들

Q: 아동이 만약 촉각에 방어적이고 물체를 만지기 싫어하면 어떻게 하는가?

무엇보다도 아동이 거부하는 것을 만지고 조작하도록 강제하지 않아야 한다. 너무나 자주 '촉각적으로 방어적(tactiley defensive)'이란 용어가 서비스 제공자들에 의해 특정 물질을 만지거나 다루고 싶어 하지 않는 아동을 명명하는 데 잘못 사용되어 왔다. 촉각 방어(tactile defensiveness)는 감각 방어(sensory defensiveness)의 한 구체적 유형으로 촉각 자극에 대한 과민성을 지칭한다. 어떤 장애아동은 새롭고 흥미가 없으며 또는 무서워하는 특정 물체를 만지려 하지 않을 수 있다. 이들은 누군가가 만지는 것에 대해 과민반응할 수 있는데 이런 유형의 상호작용이 무섭다고 느끼거나 상호작용할 준비가 되어있지 않았을 때 벌어진다. 감각 통합(감각 정보의 조직과 처리) 분야에 전문성이 있는 작업치료사와의 협의가 가장 중요하다. 작업치료사는 아동의 반응이 촉각 방어 신호인지, 다른 어떤 감각 방어인지, 아니면 특정 감각 자극에 대한 과잉반응성인지 알아볼 수 있는 구체적인 절차를 알고 있을 것이다. 작업치료사가 아동이 감각 통합 기능장애(sensory modulation dysfunction, 즉 감각 투입에 대한 반응을 관리하지 못하는 능력)를 보인다고 결정한다면 이러한 신경학적 문제에 대처할 활동들을 추천해 줄 것이다. 특정 물체를 만지고 다루는 데 있어 아동의 거부가 불쾌한 경험에 따른 것이라면 천천히 시간을 두고 신뢰관계를 만들고, 당신의 손을 조용히 아동 가까이 두며, 공동촉각주의, 촉각 모델링, '손 아래 손 안내'를 통하여 아동에게 강제하지 않으면서 선호하는 사물을 만지고, 탐색하며, 다룰 수 있는 기회를 점차 늘려 나간다. 예측 단서를 제공하고 아동의 의사소통과 활동에 대한 이해를 넓혀 간다.

Q: 특정 아동을 위해 선정된 촉각 전략을 일관성 있게 사용하도록 서비스 제공자를 독려할 수 있는 방법은 무엇인가?

중복장애아동은 학령기 동안 많은 서비스 제공자들과 상호작용을 할 것이다. 만일 각각의 서비스 제공자들마다 서로 다른 의사소통 방법을 사용하고 기대하는 바가 서로 다르다면 아동에게는 매우 혼란스러울 것이다. 아동의 의사소통 옵션은 IFSP 또는 IEP에 명시되어야 한다. 일관성 있게 사용될 촉각 전략을 파악하고 서로 의견일치를 보기 위해서 아동과 가장 빈번하게 상호작용하는 서비스 제공자와 가족 구성원 간의 팀 미팅

이 매우 중요해진다. 선정된 전략을 연습해 보고 아동의 상호작용을 촬영한 영상을 시청하는 것은 매우 효과적인 절차이다. 일단 전략이 선택되어 서로 합의를 한 후에는 정보공유 방법, 실제 적용과정의 기록, 그리고 추수지도 계획이 필요하다. 단서와 수화 사용 지침을 글로 써서 쉽게 접근할 수 있는 장소에 붙여 놓는다. 그리고 중재 과정을 기록하고 정보를 나누기 위해 자료수집 양식, 의사소통 일지, 또는 이메일을 사용하도록 한다. 짧고 정기적인 미팅은 자료 분석, 현재 사용 중인 전략의 평가, 그리고 필요한 경우 수정에 대한 의견 일치의 기회를 촉진한다.

Q: 우리 아이와 상호작용을 할 때, 내가 아이의 손보다는 표정과 몸동작에 더 주의를 기울이고 있다는 것을 알게 되었다. 촉각적 의사소통 과정에서 어떻게 하면 아이의 손에 더 주의할 수 있을까?

먼저, 당신의 아이와 상호작용할 때 당신의 손을 어떻게 사용하고 있는지를 알아야 한다. 제1장의 자기인식 질문지를 사용하여 당신의 신체 언어에 대해 생각해 본다. 그다음 아이가 사물 및 사람과 상호작용을 하는 동안 아이의 손을 잘 관찰한다. 아이의 손 움직임에 익숙해지도록 한다. 상호작용하는 동안 아이의 손은 물론 표정과 몸동작까지 집중하는 연습을 한다. 당신의 손과 아이의 손 사이에 이루어지는 접촉 의사소통을 하는 동안 눈을 감아 본다. 그렇게 하면 아이의 손으로부터 전달되는 정보를 당신의 손이 어떻게 받아들이는지 아는 데 도움이 될 것이다.

Q: 아동이 만약 손으로 사물을 만지는 대신 자꾸 입으로 가져가려 하면 어떻게 해야 하는가?

안전이 최우선이다. 따라서 작은 사물이나 건강에 위험한 물체를 입에 가져가도록 허용해서는 안 된다. 장애가 없는 어린 아동들이 물체를 더 이상 입에 함부로 넣지 않게 되는 연령은 다양하지만(Juberg, Alfano, Coughlin, & Thompson, 2001) 이러한 행동이 손의 사용을 방해하지는 않는다. 맹 아동은 입에 넣는 행동(mouthing behaviors)을 사물과 접촉을 유지하고 사물에 대한 정보를 얻기 위한 방법으로 사용할 수 있다. 그렇다면 사물을 위생적으로 깨끗이 씻을 필요가 있다. 아동들은 대개 손의 사용이 늘게 되면서 사물을 입에 넣는 행동이 감소한다. 적절한 상황에서 물체를 던지는 놀이 활동(예: 모래 주머니 던지기)은 손동작을 바깥으로 향하게 해서 아동의 손이 입에서 분리되게 하는데 도움이 된다. 만일 입에 넣는 행동이 염려된다면, 작업치료사, 시각장애 전문가, 간호 전문가 등이 다음과 같은 질문들을 사용하여 그 행동의 기능에 대한 작업 가설을 세워야 한다. 어떤 종류의 사물을 입에 넣는가? 아동이 그러한 행동을 통해 사물의 크기, 형태, 질감을 구별하는 것처럼 보이는가? 아동이 손을 어떻게 사용하는가? 언제 그리고 어떻게 사물을 만지고 다루는가? 만일 무언가 입에 들어 있는 상태라면(예: 영아들이 사용하는 젖꼭지) 아동이 사물을 만지고 다룰 것인가? 종합적인 간학문적 접근을 통해 아동이 손의 탐색을 늘리도록 도와줄 수 있는 적절한 방법이 개발될 수 있다.

Q: 아동과 상호작용하고자 하는 나의 노력을 아동이 거부하고 대신 자기자극행동에 더 흥미를 가질 때 어떻게 해야 하는가?

아동은 활동에 참여하기 전에 그 활동을 '보아야' 한다는 것을 명심한다. 아동이 어떤 특정한 방법으로 참여하리라는 기대를 하지 말고 아동이 당신의 손을 만질 수 있는 기회를 제공하는 데 집중하도록 한다. 그냥 아동이 당신의 손을 만질 수 있도록 해 주고 시간을 갖고 어떻게 반응하는지 살펴본다. 아동의 손 움직임을 부드럽고 재미있게 모방하는 방법으로 '손으로 하는 대화'를 즐기도록 한다. 관계를 형성하고 아동의 경험과 관점을 이해하는 데에는 시간이 필요하다. 아동의 행동을 잘 관찰하면서 언제 개입할 수 있는지 파악한다. 예를 들어, 아동이 계속해서 사물을 두드리면, 당신의 손을 아동의 손 옆에 살며시 두고 두드리는 행동을 모방하면서 "네가 무엇을 하는지 알겠어, 같이 하자."(공동촉각주의)라고 말한다. 아동이 당신의 촉각 상호작용 모방을 받아들이고 나면, 다른 손의 움직임(예: 두드리는 리듬을 달리하기)이나 사물(예: 드럼)을 이용한 새로운 활동을 시도해 본다. 이렇게 하는 것은 다른 종류의 사회성 게임과 상호작용을 개발하는 기초를 제공한다.

Q: 우리 아이는 자기 손을 누가 만지거나 하는 것을 싫어한다. 어떻게 하면 보다 수용할 수 있는 방법으로 아이와 상호작용할 수 있는가?

아이의 손을 조작하거나 아이가 거부하는 것을 만지도록 강요하지 않도록 한다. 아이의 손사용과 촉각 투입에 대한 반응에 관해 작업치료사와 상의하며 조언을 구한다. 아이가 자신의 손을 통제할 수 있는 촉각 전략을 사용한다(제3장과 제4장의 공동촉각주의, 손 아래 손 안내, 촉진 위계 참고). 당신과 아이 모두가 좋아하는 손 게임이나 손가락 놀이(예: 어린 아이를 위한 "케이크를 두드려요.", 좀 더 큰 아이를 위한 '하이파이브')를 할 수 있는 재미있는 상호작용을 만들고, 아이의 손동작(예: 박수치기, 탬버린 두드리기, 키보드 연주하기)을 모방하면서 아이의 리드를 따른다.

Q: 우리 아이는 전맹이고 청각이 조금 있지만 근력이 낮다(심한 저긴장). 아이는 사물을 조작하거나 탐색하는 것을 좋아하지 않는다. 아이를 도와주기 위해서 아이 손을 내가 조작해야만 한다. 아이의 손을 계속해서 내가 움직여 주지 않고 아이가 활동에 참여할 수 있게 도울 수 있는 방법이 없는가?

당신의 고민을 아이의 교사, 물리치료사 또는 작업치료사와 논의하여 아이를 도울 최선의 방법을 결정하도록 한다. 아이의 운동능력에 따라 몇 가지 간단한 자료 수정 방법(예: 아이가 물체를 잡을 수 있게 찍찍이를 붙이거나 손잡이를 달기), 아이의 주의를 높이는 방법(예: 촉각적 운동감각 놀이) 그리고 당신의 신체적 지원에 완전히 의존하는 것을 점차 줄여 나가는 방법들이 제안될 것이다. 아이가 즐겨하는 활동으로 시작해서 아이가 참여하고 싶어 하도록 한다. '손 위 손 안내' 대신에 아이의 손목이나 팔꿈치 가까이에서 지지를 해 주고 그러한 신체적 촉진에 아이가 어떻게 반응하는지 관찰한다. 그리고 당신의 손이 아이의 손 아래에 놓이는 '손 아래 손 안내' 에 어떻게 반응하는지도 살펴본다. 당신이 손가락으로 아이의 손을 만진다면 아이가 자기 손을 당신의 손 위에 계속 둘 것인가?

Q: 우리 아이는 전맹인데 뇌성마비가 심하다. 손과 팔의 움직임이 아주 제한적이고 손은 대개 주먹을 쥔 상태로 있다. 어떤 촉각 전략을 사용할 수 있는가?

아이의 교육팀과 함께 이 질문을 논의해 보는 것이 좋다. 물리치료사와 작업치료사가 아이의 운동 능력과 최적의 자세를 설명해 줄 것이다. 또한 아이가 손을 펼 수 있도록 근긴장을 낮추는 방법도 제안해 줄 수 있을 것이다. 언어재활사와 교사는 아이의 의사소통을 도와줄 적응 스위치나 기타 의사소통 도구에 대한 제안을 해 줄 수 있다. 교육팀과 함께 당신은 어떤 촉각 전략을 먼저 시작할 것이며, 촉각 정보와 상호작용에 대한 아이의 사용과 반응 방법을 결정할 수 있다.

Q: 아동이 무엇을 배우고 있는지 어떻게 알 수 있는가?(예를 들어, 아동이 언어나 의사소통 투입 자극을 언제 이해하는가?) 다음 단계는 어떻게 결정하는가?

어떤 아동에게 어떤 교수 전략이 효과적인지를 평가하는 것은 장애아동을 가르치는 데 있어 우선적인 사항이다. 그렇지 않고는 가장 적절한 교육 기회를 제공할 수가 없기 때문이다. 아동의 중도중복장애가 행동에도 영향을 미친다면 아동이 무엇을 배우고 있는지 파악하기란 쉽지 않은 일이다. 아동의 반응은 극히 모호하거나 흔하지 않은 것일 수 있다. 세심한 관찰, 체계적 상호작용, 자료 수집, 아동 행동 분석은 아동이 무엇을 배우고 있는지 파악하는 데 필수적이다. 어떤 활동에서 아주 예측이 쉬운 순서를 '잠깐 멈추기' 하거나 '방해' 하면 아동이 어떻게 반응하는가? 어떤 활동을 위해 사물 단서를 주었을 때 아동은 어떻게 반응하는가? 아동이 이것을 처음 배울 때 상호작용 또는 루틴을 영상으로 촬영하고 나중에 아동이 그 활동에 친숙해지고 나면 다시 촬영한다. 두 촬영 결과를 비교해 보면 아동이 하는 반응에서 약간의 차이라도 확인할 수 있을 것이다.

Q: 다른 아동들에게 촉각 전략을 사용하여 농-맹 아동과 상호작용
　 할 수 있도록 가르치는 방법은 무엇인가?

　대부분의 아동이 또래를 좋아하고 그들로부터 배우기 때문
에 또래와의 상호작용을 격려하는 것은 매우 중요한 일이다.
더구나 많은 중도장애아동은 성인이 충분한 지원을 해 주지 않
으면 다른 아동과 상호작용할 기회가 매우 적다. 장애가 없는
아동도 농-맹 아동과 효과적으로 상호작용하는 방법을 배울
필요가 있다. 당신의 상호작용 모습을 하나의 모델로서 이용할
수 있다. 또래에게 농-맹 아동의 손을 조작해 주는 대신 그 아
동의 흥미와 리드를 따르도록 도와주도록 한다. 농-맹 아동을
위해 수화를 어떻게 적절히 응용하는지 가르쳐 주고, 아동의
손을 사물에 물리적으로 이동시키는 대신 사물을 아동의 손 아
래나 손 옆에 두는 간단한 전략을 보여 준다. 그 아동이 반응할
수 있도록 충분한 시간을 주고 기다리는 것이 얼마나 중요한지
도 함께 이야기해 준다. 촉각 전략을 또래들끼리 또는 성인과
연습할 수 있도록 해 준다. 농-맹 아동의 반응 행동을 해석하
고 적절하게 반응하는 것을 가르쳐 주도록 한다.

5. 요 약

　이 장에서는 개별 아동에게 적절하고 구체적인 촉각 전략을

선정하는 방법을 논의했다. 가족과 서비스 제공자들의 질문에 대한 답변을 통해 시각장애와 함께 다른 중도장애를 가진 아동의 발달을 도울 때 마주칠 수 있는 구체적인 어려움들도 함께 논의하였다. 학교교육과 구체적으로 관계되는 학업기술의 발달을 지도하는 것도 마찬가지로 중요하다. 다음 장에서는 시각장애와 중도중복장애를 가진 아동들을 위한 문해 기술 발달에 초점을 둔 구체적인 전략들을 논의할 것이다. 문해 기술은 어떤 수준에서든 모든 아동을 위한 학습의 기회를 높이는 열린 문이다. 게다가 문해 학습은 능력 수준에 관계없이 모든 아동에게 다가갈 수 있는 것이다.

제8장 문해 출현의 지도

제8장
문해 출현의 지도

    의사소통 기술은 일반적으로 언어, 기초 개념, 그리고 학습에 대한 아동의 인식과 이해를 향상시키면서 초기 문해 기술(literacy skills)의 기초를 제공한다. 주의 교육 표준과 아동낙오방지법(NCLB, 2000)에 의해 현재 모든 아동을 위한 문해가 강조되고 있음에도 불구하고 시각중복장애아동을 위한 문해는 교육자나 가족 모두에게 오랜 고민이 되어왔다. 시각중복장애아동들은 나중에 문해 학습의 기초를 형성하는 전형적인 삶의 경험을 갖지 못하는 경우가 있다.

    문해는 아동이 일상적 활동, 상황, 사물을 자연스럽게 경험하고, 문자화되는 언어를 보고 들으면서 발달한다. Wormsley(1997)가 지적했듯이, '문자 언어에 친숙해지는 과정이 일반적으로 문해 출현(emergent literacy)'으로 알려져 있으며, 이 용어는 문해가 아동에게 '출현되는 시기를 지칭한다'(p.17). 대부분의 아동에게 문자 언어 친숙성은 생애 첫 책, 장난감, 음식 용기, 그리고 매일의 경험들에 대한 초기 노출에서 시작된다.

1. 촉각 도서와 촉각 상자의 사용

맹 아동이 부가적인 장애를 갖고 상징 언어를 갖지 않고 있다면 실제 삶의 경험을 촉각적으로 표상한 것을 '읽음' 으로서 초기 문해 경험에 접근할 필요가 있다. 그러한 촉각 전략들은 아동의 연령에 상관없이 중도중복장애아동의 문해 출현을 독려하는 핵심적 역할을 할 수 있다. 예를 들어, 사물 스케줄은 문해를 도입하는 수단으로 이용될 수 있다. 아동은 사물과 활동이 나타내는 것을 확인하면서 하루의 스케줄을 '읽는다.' 아동이 경험하는 촉각 물체(tactile remnants), 상징, 그리고 활동을 알리는 것들을 사용하여 촉각 도서, 일기, 스크랩북, 촉각 상자들을 만들 수 있다. 아동의 선호와 흥미는 촉각적으로 표상될 초기의 경험을 위한 토대로 이용해야 한다. 그리고 성인은 표상의 두드러진 특징을 아동에게 알려 주어야 한다. 표상적 촉각 상징은 경험을 할 때마다 일관성 있게 짝지어서 그 의미가 문해 활동에서 분명해지도록 한다.

촉각 도서의 각 페이지는 한 개의 촉각 물체를 제시하되 철자나 점자, 또는 두 가지 형태 모두로 이루어진 스토리가 함께 표현된다. 농-맹 아동과의 의사소통을 지원하기 위해 독자가 수화를 사용할 수 있도록 돕는다면 [그림 8-1]의 캠핑에 관한 책

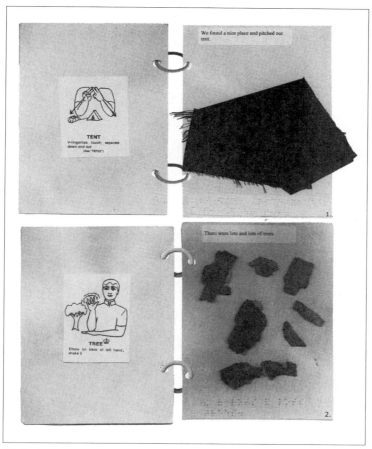

그림 8-1 촉각 도서의 페이지: 캠핑

에 제시된 것처럼 각 페이지마다 핵심 단어의 수화 표현 사진을 붙여놓을 수 있다. 핵심 수화(예: 나무, 텐트) 사진은 성인 또는 또래들에게 아동과 함께 책을 읽을 때 아동에게 수화를 표현하고 그 수화를 촉각적으로 알려 주는 데 도움이 될 수 있다. 이러한 방법으로 농-맹 아동은 점자와 표상물을 느낄 수 있고 사물과 수화를 조합시키는 것을 배울 수 있게 된다.

바닷가에 놀러가기에 관한 촉각 도서에는 한 페이지에 열쇠를 붙여서 해변에 자동차를 타고 가는 것을 떠올리게 할 수 있고, 다른 페이지에는 약간의 모래를 붙여 모래사장에서 산책하거나 노는 것을 나타낼 수 있다. 또 다른 페이지에는 작은 조개껍질 몇 개를 담아 조개껍질 줍기를 표현할 수 있다. 이런 방법으로 아동은 지난 일을 떠올릴 수 있는 한편 책, 페이지 넘기기, 각 페이지에 담긴 정보 확인(읽기), 그리고 다른 사람과 경험 나누기를 함께 배울 수 있게 된다. 촉각 단서는 개별 아동을 위해 반드시 수정되어 개별화되어야 하는데, 그런 시간과 노력을 들일 충분한 가치가 있다. 모든 아동이 문해 경험을 갖도록 해 주기 때문이다(Downing, 2005b; Lowis & Tolla, 2003). 다음은 촉각 단서를 사용하는 몇 가지 예다.

- Laura는 6학년 현장학습으로 놀이 공원에 다녀온 경험을 촉각 도서로 만들기 위해 현장학습을 떠올리게 하는 물체들을 사용했다(예: 팝콘 상자의 조각, 자유이용권, 음료수 빨대, 작은 기념품). 할아버지는 Laura가 그 물체들을 만져 보도록 격려하는 한편 놀이공원에서 있었던 일에 대해 함께 이야기하였다. 각각의 물체는 점자와 묵자로 이름이 적혔는데 연령에 적절한 코멘트도 함께 표현되었다(예: "자, 놀이공원에서 제가 가져온 것을 보세요.").
- Liz의 하루를 촉각 도서 형태로 만들었다. 책의 각 페이지

에는 하나의 물체 또는 물체의 일부가 붙여지고 물체 아래
에는 점자와 묵자로 한 구절이나 문장이 함께 기재됐다.
Liz는 엄마와 언니랑 페이지를 만지고 넘기는 공동촉각주
의를 통해 하루 일과를 함께 이야기 했다. Liz가 사물을 탐
색하는 동안 엄마와 언니는 글을 읽었다([그림 8-2] 참고).

• 유치원에 다니는 Isabel은 기능적 시력이 없는 시각중복장
애가 있다. 이름이 알파벳의 글자로 시작되는 사물의 사진
들 대신에, Isabel이 사용하는 ABC 상자에는 선택된 단어
들을 나타내는 사물의 전체 또는 일부분이 들어 있다(유사
한 물체들이 한 권의 책에 제시될 수도 있다). 예를 들어,
Isabel은 사과(apple)의 A, 풍선(balloon)의 B, 그리고 쿠키
(cookie)의 C를 나타내는 사물들을 갖고 있는 것이다.
Isabel은 일상적으로 경험하는 이러한 의미 있는 사물들을
다루고 탐색할 수 있다.

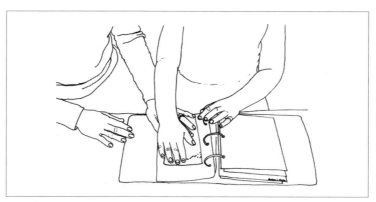

그림 8-2 공동촉각주의: 촉각 도서 읽기

- 1학년 Thomas는 주머니에 대한 촉각 도서를 읽는데, 페이지를 넘겨가며 주머니들을 느끼고 각 주머니 속을 들여다보면서 주머니에 무엇이 들어있는지 알아 간다. 친구가 묵자를 읽어주는 동안 Thomas는 점자 단어들을 만진다. Thomas를 위해서 각 물체를 표현하는 촉독 수화도 제시되었다.
- Audrey의 4학년 학급은 해리포터 이야기를 읽고 있다. 학생들은 역할놀이를 하면서 마법 빗자루를 타고, 마술로 물건을 사라지게 하며, 마법사 모자를 쓰는 놀이를 한다. Audrey도 이 모든 것을 이용할 수 있도록 하였고, 친구와 함께 역할놀이에도 참여하였다. Audrey가 읽는 촉각 도서의 각 페이지에는 실제 사물의 조각이 들어있다. 친구들은 자기들이 지어낸 수정된 스토리를 읽어가면서 Audrey를 위해 '모자', '지팡이', '마법 빗자루'를 표현하는 촉독 수화를 해 주었다.

2. 문해 촉진하기

시각중복장애아동은 점자에 꾸준하고 의미있는 방식으로 노출될 필요가 있다. 시각중복장애아동을 위한 판매용 자료(예: TACK-TILES)들이 여러 가지 있다. 일부 전문가는 비단축형 점자 혹은 비생략형 점자(uncontracted braille)(단축 또는 생략이 없

고 문자와 1:1 대응이 되는 점자)를 시각중복장애아동에게 추천한
다. 시간이 지나면서 일부 아동은 촉각 도서에 있는 좋아하는
사물, 이름, 단어들의 점자는 물론 기타 일반적인 점자 단어들
을 구별하고 알아볼 수 있다(Wormsley, 2004).

다음은 영어 문해를 촉진할 수 있는 몇 가지 제안이다.

① 풍부한 언어를 사용하는 활동, 자료, 환경을 제공하여 아
  동의 문해 경험을 도와 준다. 함께 놀이하기, 사물 묘사하
  기, 사건(events) 논의하기, 아동이 언어에 접근할 수 있도
  록 지원하기, 대화, 이야기, 책들이 그 예들이다.
② 억양, 제스처, 사물, 촉각 물체를 다양하게 사용해서 아동
  을 대화나 이야기에 관여하게 한다.
③ 실제 경험들과 부합하는 촉각 물체들을 언급하는 방법으
  로 아동이 좋아하는 실제 경험을 문해 경험의 출발점으로
  삼을 수 있다. 그런 촉각 물체들은 이야기 형태나 스크랩
  북 상자 또는 책의 형태로 정리해서 아동이 사건들(events)
  을 언급하고 그 이야기들을 '다시 읽을' 수 있게 한다. 예
  를 들어, 가족과 함께 승마체험을 한 경험을 다시 만들어
  내기 위해서 지푸라기, 말 먹이, 말의 갈기털, 사료, 가죽
  고삐와 같은 물체들을 수집하여 종이에 붙이고 몇 개의 문
  장을 묵자와 점자로 써서 다른 사람이 아동에게 읽어 줄
  수 있는 스토리를 만들어낼 수 있다.
④ 아동들에게 다른 사람이 이런 촉각 도서나 스크랩북 상자

를 사용하고 있다는 것을 느낄 수 있는 기회를 제공한다. 즉, 다른 사람이 촉각 도서를 읽는 동안 아동이 그 사람의 손과 각 페이지마다의 물체가 나타내는 것이 무엇인지 탐색하게 하는 것이다.

⑤ 정안 아동들이 묵자에 노출되는 것과 같은 방식으로 아동에게 점자를 경험하게 한다. 아동이 점자 또는 추상적 상징체계를 알지 못한다 하더라도 점자를 느끼게 하도록 한다. 반복적이고 꾸준한 경험을 통해 아동은 점자에 의미를 부여할 수 있을 것이다.

⑥ 아동과 함께 친숙하고 흥미로운 적절한 책을 자주 읽어서 아동이 말의 리듬을 느낄 수 있게 한다. 예를 들어, 성인이 책을 읽을 때, 아동은 말의 리듬과 반복에 맞춰 손을 두드린다. 아동은 성인의 목젖에 손을 얹어 말소리의 리듬을 느낄 수도 있다. 반복적인 대사가 있는 이야기 책(예: 『Brown bear, brown bear, what do you see?』)이나 분명한 리듬과 비트가 있어서 아동이 계속해서 기대를 할 수 있는 음이 같은 대사가 있는 책(예: Dr. Seuss의 시리즈)을 읽어 준다.

⑦ 아동에게 촉각 물체들을 순서대로 만지거나 제스처 또는 다른 의사소통 수단을 이용해서 좋아하는 책을 '읽어 달라'고 요청한다.

⑧ 상호작용 기회를 제공한다. 이야기 책을 읽다가 잠시 멈춰서 아동이 촉각 물체와 점자를 느끼고 다음에 무엇이 나올

지 코멘트하거나 기대할 수 있도록 기다린다. 아동이 책을 잡고, 페이지를 넘기며, 촉각적 특징을 탐색할 수 있도록 허용한다. 필요하다면, 식별표시와 같은 것을 붙여서 아동이 페이지를 넘기기 쉽게 해 준다.

⑨ 촉각 단서를 만들고 좋아하는 활동이나 경험을 나타내는 물체를 붙이는 작업에 아동을 참여시킨다.

⑩ 가능하면 언제나 아동이 촉각 도서에 적힌 경험 이야기들과 현재 또는 곧 다가올 사건(events)을 연결시킬 수 있도록 도와준다. 예를 들어, 예전에 했던 비슷한 활동을 하러 밖으로 나가기 전에 촉각 도서를 다시 꺼내 아동과 함께 보고 이제 하려는 활동을 준비시킨다. 그리고 친척이나 친구가 방문했을 때, 아동에게 이런 촉각 도서를 함께 읽고 책의 내용을 한 번 더 이야기할 수 있도록 독려한다.

⑪ 아동이 학년이 올라갈 때마다 따라 올라가는 포트폴리오에 개별화된 촉각 도서를 넣어서 다음 학년의 교사에게 아동을 문해 활동에 참여시킬 수 있는 방법을 알려 줄 수 있도록 한다.

⑫ 아동이 여러 가지 문해 경험들을 더 잘 이해해 나감에 따라 좀 더 추상적인 표상방법을 사용할 수 있다. 아동이 이러한 추상적 형식을 이해하지 못하더라도 점자와 묵자를 촉각 도서에 항상 같이 넣어서 스토리의 개요를 보여 준다. 점자와 묵자로 표현된 문장을 함께 넣음으로서 아동에게 스토리를 읽어 줄 때 반복적이고 꾸준히 언어 투입 자

극을 가능하게 하는 것이다. 이런 반복적인 경험을 통해서 아동은 일부 점자(점자를 느끼도록 격려한다면) 또는 묵자(충분한 시력이 있는 경우) 단어들과 익숙해질 수도 있다. 보다 구체적인 형식의 표상(예: 사물의 전체)에서 보다 추상적인 형식(예: 사물의 작은 일부)으로 변화해 갈 수 있도록 노력한다. 일부 저시력 아동들은 사물과 그 사물의 그림 표상을 연결하는 것을 배울 수 있다. 동기 유발이 높고 친숙한 활동을 나타내는 구체물은 다른 것들보다 더 빠르게 좀 더 추상적인 표상으로 교체될 수 있다(예: 햄버거 세트의 빈 감자튀김 봉지를 감자튀김 사진으로 대신하기). 동기 유발이 낮은 표상들은 아동들이 이해할 수 있도록 구체물의 형태로 그냥 두는 것이 필요할 것이다.

⑬ 점자를 읽을 때 일부 아동들에게는 커다란 점자 셀이 도움이 될 수 있다. 어린 아동들에게 머핀을 굽는 철판 틀에 골프공을 넣어 점자를 익히게 하는 것도 나중에 실제 크기의 점자를 읽을 때 전이가 될 수 있다면 도움이 될 것이다.

⑭ 자기 표현을 위한 쓰기 활동의 한 형태로서 아동이 점자타자기를 가지고 놀게 한다. 점자로 '낙서'를 하는 것으로 생각할 수 있다.

3. 요 약

문해 기술의 학습은 추상적 언어 체계를 배웠든 아니든 간에 모든 아동들에게 중요한 것이다. 가족 구성원들과 교사들은 사건과 흥미를 표현하는 의미 있는 촉각 표상을 만들어 일반적인 방식으로 글을 읽지 못하는 아동들을 위한 문해 자료로 사용할 필요가 있다. 표상물을 느끼고 사건 또는 경험을 회상할 수 있도록 아동들을 지도한다. 이러한 방법으로 아동들은 문해 기술 발달을 위해 필요한 기본 기술을 배우기 시작한다. 촉각 도서는 또한 아동의 성격을 엿볼 수도 있는데, 아동이 좋아하는 활동의 유형을 드러내고, 아동이 책을 '읽는' 방식도 보여 주며, 또래들과의 상호작용의 기회도 제공해 주기 때문이다. 아동의 문해 출현과 문해 기술 발달을 위한 노력은 가장 가치로운 투자며 아동의 지속적인 성장과 발달의 토대를 세우는 데 도움이 되어 준다.

용어
정리

- **가족 수화**(home sign) 농 아동의 가족에 의해 개발된 독특한 제스처(표준 수화를 바탕으로 하지 않음)

- **감각 조절**(sensory modulation) 감각에 대한 반응을 관리하는 능력

- **감각 통합**(sensory integration) 감각 정보의 조직과 처리

- **공동 움직임**(coactive movement) Jan van Dijk의 연구를 바탕으로 '공동 움직임'은 아동과 함께 움직이는 것으로 정의된다. 성인이나 또래가 아동과 동시에 움직임을(사물을 포함할 수 있다.) 수행한다.

- **공동 수화**(coactive signing) 표현의사소통을 위해 아동의 한 손 또는 두 손을 신체적으로 안내하며 표준적인 수화 표현을 촉진하게 하는 방법이다.

- **공동주의**(joint attention) 주의의 초점을 나타내기 위해 눈 응시 또는 가리키기를 통해 상대방과 함께 사물 또는 사건(events)의 경험을 공유하는 과정

- **공동촉각주의**(mutual tactile attention) 비통제적 공동 접촉을 통해 활동이나 사물에 함께 주의집중하고 나누는 과정

- **미국 수화**(American Sign Language: ASL) 미국 내 농인 문화에 속

하는 농인들의 자연 언어로 수화와 그 밖의 동작으로 이루어지며 자세와 표정을 포함한다. ASL은 영어 규칙과는 다른 자체 문법규칙과 구조를 갖추고 있다.

• **불일치 분석(discrepancy analysis)** 어떤 특정한 활동에서 장애아동과 일반아동의 수행(기술과 행동의 수준) 간에 나타나는 차이를 가능하게 하는 원인을 분석하는 것

• **사물 단서(object cue)** 사람, 장소, 사물 또는 활동을 나타내기 위한 사물의 전체 또는 일부. 이 사물은 실제 상황에서 쓰일 수 있다.

• **상징(symbol)** 어떤 것을 표현하는 다른 어떤 것. 상징은 추상적(예: 구어 또는 인쇄된 단어)이거나 참조물과 아주 가깝게 관련될 수 있다(예: 사물 또는 형상적 수화).

• **상호 수화(interactive signing)** 수화 생산자와 수용자가 함께 대화를 주고받는 상호작용 상황에서 사용하는 수화

• **생태학적 목록(ecological inventory)** 아동의 하루 일과 속에서 선택된 활동과 환경의 단계 계열을 목록화하는 것

• **'손 아래 손 안내' 기법(hand-under-hand guidance)** 안내자의 한 손 또는 두 손을 아동의 한 손 또는 두 손 아래에 두고 아동이 안내자의 손과 안내자가 하는 것 또는 만지는 것을 '보도록' 하여 아동이 환경에 접근하게 하는 기법

- '손 위 손 안내' 기법(hand-over-hand guidance) 아동의 손 위에 안내자의 손을 얹어 행동 또는 활동을 안내하는 기법

- 신체 위 수화(sign on body) 수화 생산자가 수용자의 몸 위에 직접 수화를 표현하는 표준수화. 신체 기반 수화(body−based signs) 또는 신체 수화(body signs)로도 불린다.

- 응용 수화(adapted sign) 아동의 시각, 인지, 운동 능력에 맞추고 아동의 시각 손상 또는 학습 요구에 맞춰 조절된 표준 수화의 수정

- 저긴장(hypotonia) 낮은 근육 긴장

- 접촉 단서(touch cue) 아동과 의사소통하기 위해 일관성 있는 방법으로 아동의 몸 위에 바로 하는 신체적 촉진

- 질감 상징(textured symbols) 사람, 사물, 활동과 연합하며 촉각적으로 현저한 3차원의 인위적 표상물로서, 수용 및 표현의사소통 모두를 위해 쓰인다. 이 상징은 추상적일 수도 있고 참조물과 매우 유사할 수도 있다.

- 차지증후군(CHARGE Syndrome) 다음 증상을 보이는 유전질환의 진단명이다.
  - 안검홍체결손(Coloboma)
  - 심장결함(Heart defects)

- 뒤콧구멍폐쇄(**A**tresia choanae or choneal atresia)
- 성장 및 발달 지체(**R**etarded growth and development)
- 성기부전(**G**enital hypoplasia)
- 귀 기형과 청력손실(anomalies or malformation of the **E**ars and hearing loss)

• **참조사물**(object of reference)　사람, 장소, 사물 또는 활동을 나타내기 위한 사물의 전체 또는 일부. 이 사물은 실제 상황에서 사용되지 않는다.

• **체성감각**(somatosensory)　피부가 인식하는(피부와 점막 전체에 퍼진 말초 신경 말단의 수용기에서 받아들이는: 역자 주) 감각정보로서 고통, 온도, 가벼운 접촉, 압력, 진동을 느끼는 수용기를 포함한다.

• **촉각**(tactile)　접촉 감각 또는 접촉 행위. 동의어로는 촉감(tactual)이 있다.

• **촉각과잉반응**(tactile hyperreactivity)　촉각 자극에 대한 과민 반응으로서, 대부분의 사람들이 혐오적이지 않다고 생각하는 특정 유형의 촉각 자극에 대해 관찰가능한 부정적 행동 반응이 특징. 촉각 방어(tactile defensiveness)로도 알려짐

• **촉각 모델링**(tactile modeling)　실연자가 활동에 관계되는 신체 부

위와 사물을 접촉하는 장면을 아동이나 관찰자가 느끼게 하는 실연 활동

- 촉각 변별(tactile discrimination)　사물을 만질 때 또는 누군가 또는 무엇인가에 의해 만져질 때, 피부에 전해지는 다양한 자극의 유사성과 차이점을 인식하는 능력

- 촉각 저반응(tactile hyporeactivity)　촉각 자극에 대한 낮은 인식과 민감성으로, 반응 결여 또는 낮은 반응을 보인다.

- 촉각 전략(tactile strategies)　접촉을 통해 아동과 상호작용(예: 공동촉각주의, 촉각 모델링, '손 아래 손 안내', '손 위 손 안내') 및 의사소통(예: 접촉 단서, 사물 단서, 질감 상징, 응용 수화)하는 방법을 포함하는 여러 가지 계획된 체계적 기법

- 촉각 지각(haptic perception)　사물의 크기, 모양, 질감을 만져서 사물을 확인하는 능동적 탐색

- 촉각 학습(tactile learning)　상호작용과 개념적 기술 개발을 위해 촉각 정보를 사용하는 것

- 촉각 현저성(tactile saliency)　접촉으로 쉽게 변별 가능하게 하는 물체의 독특한 물리적 또는 촉각적 특성

- 촉독 수화(tactile signing)　표준수화 체계에 바탕을 둔 의사소통 방법으로 수화 수용자가 한 손 또는 두 손을 수화 생산자의 한 손

또는 두 손 위에 가볍게 얹어 수화를 촉각적으로 인식

- 촉지 상징(tangible symbols) 추상적 상징의 의미를 이해하지 못하는 아동들을 위한 3차원 상징(사물)과 2차원 상징(사진과 그림)을 포함하는 의사소통 체계. Rowland와 Schweigert(2000)가 사진과 그림을 포함시켰는데 영구적이고, 만지고 조작할 수 있으며, 참조물과 지각적 연관이 있기 때문이다.

- 촉진(prompt) 아동이 반응을 시작할 수 있도록 돕는 행동 또는 단서

- 촉진 위계(hierarchy of prompts) 아동이 반응을 할 수 있도록 도와주기 위한 행동의 계열로서 제공하는 지원의 정도를 최대에서 최소로 또는 최소에서 최대로 배열

- 타도마(tadoma) 농-맹 장애인이 화자의 얼굴(입과 목: 역자 주)에 한 손 또는 두 손을 얹고 화자가 하는 말을 인식하는 진동 촉각(vibrotactile) 의사소통 방법

- 형상적 수화(iconic sign) 나타내고자 하는 사물이나 활동과 닮은 수화의 한 유형(예: 빗질하기, 씻기)

- IEP(Individualized Education Program) 개별화교육 프로그램

- IFSP(Individualized Family Service Plan) 개별화 가족지원 계획

저 자 소 개

Deborah Chen, Ph.D.

미국 California State University, Northridge 특수교육과 교수(유아특수
교육 전공)

- 주요 연구 분야
  - 농-맹 장애아동 의사소통
  - 감각중복장애아동과 보호자의 상호작용
  - 다문화 교육 등

June E. Downing, Ph.D.

미국 California State University, Northridge 특수교육과 명예교수

- 주요 연구 분야
  - 중도중복장애학생 교육(통합교육, 평가, 의사소통, 교육과정)

역자소개

한경근(Kyoung G. Han, Ph.D.)

미국 University of Illinois at Urbana-Champaign 대학원 박사
중도중복장애교육 전공
전) 삼육재활학교 교사
    미국 University of Kansas 방문교수
현) 단국대학교 특수교육과 교수

황정현(Jung H. Hwang, Ph.D.)

단국대학교 대학원 박사
중도중복장애교육 전공
전) 서울맹학교 교사
현) 서울원효초등학교 교사

홍재영(Jae Y. Hong, Ph.D.)

공주대학교 대학원 박사
시각장애교육 전공
전) 대전맹학교 교사
    대전혜광학교 교사
현) 전주대학교 중등특수교육과 교수

시각중복장애아동을 위한 촉각 교수 전략

중도중복장애아동의 의사소통 및 학습 기술 촉진 방법

Tactile Strategies for Children Who Have Visual Impairments
and Multiple Disabilities

2015년 1월   5일 1판 1쇄 인쇄
2015년 1월 15일 1판 1쇄 발행

지은이 • Deborah Chen · June E. Downing
옮긴이 • 한경근 · 황정현 · 홍재영
펴낸이 • 김진환
펴낸곳 • (주)**학지사**

121-838 서울특별시 마포구 양화로 15길 20 마인드월드빌딩
대표전화 • 02)330-5114   팩스 • 02)324-2345
등록번호 • 제313-2006-000265호

홈페이지 • http://www.hakjisa.co.kr
커뮤니티 • http://cafe.naver.com/hakjisa

ISBN 978-89-997-0555-7   93370
Korean Translation Copyright ⓒ 2015 by Hakjisa Publisher, Inc.

정가 14,000원

인터넷 학술논문 원문 서비스 **뉴논문** www.newnonmun.com

이 도서의 국립중앙도서관 출판시도서목록(CIP)은 서지정보유통지원
시스템 홈페이지(http://seoji.nl.go.kr)와 국가자료공동목록시스템
(http://www.nl.go.kr/kolisnet)에서 이용하실 수 있습니다.
(CIP 제어번호: CIP2014034260)